NONLINEAR FINITE ELEMENT METHOD FOR
REINFORCED CONCRETE

鉄筋コンクリートの
非線形有限要素法

長沼一洋・佐藤裕一　著
Kazuhiro Naganuma　Yuichi Sato

京都大学学術出版会

目次

はじめに

　私たちが住んでいる社会には鉄筋コンクリート造のように主にコンクリートを用いた建物や構造物が数多く存在しています。日本全国で建築物や道路，港湾，空港，ダムなどに使われているコンクリートの総量はおよそ 90 億 m³ と推定されています。これは日本の国土全体を約 2.4cm の厚さのコンクリートで均せるほどの量で，国民一人あたり約 4m 角の立方体のコンクリートに支えられていることになります。

　このように社会基盤として重要な役割を持っているコンクリート構造物が地震などの外力を受けた場合，どのような変形を生じて，どういう壊れ方をするのか，あるいは，どの程度までの力に耐えられるのかを知ることは大変重要なことです。実際に大きな地震が起これば建物がどうなるのかは分かりますが，壊れてしまってからでは遅すぎます。コンピュータ・シミュレーションによって，事前に損傷の度合いなどを予測することができれば，それを軽減するための対策も立てられます。

　コンピュータ・シミュレーションというと，スーパーコンピュータを用いるような特別な方法を思い浮かべるかも知れませんが，現在は計算環境に恵まれていて，市販されている一般的なパソコンでも，地震時の建物の動きをシミュレーションすることが可能です。そのための解析プログラムも市販されています。では，それを使えば特に難しいことはなく，マニュアルに沿って計算を行えば良いのでは？と思う人もいるかと思います。確かに，計算すれば結果は得られますが，問題なのはその信頼性です。計算結果には解析プログラム自体の性能や計算精度に加えて，それを使う人の技量が影響を及ぼします。計算対象とする構造物や材料の特性をどのようにモデル化し，どんな方法で計算を行うか，また，得られた計算結果の妥当性をどうやって判断するか，などです。

　コンクリート構造には鉄筋コンクリート構造をはじめ，鉄骨や鋼板とコンクリートを組み合わせた様々な複合構造が含まれます。筆者らはこれまでにコンクリート構造を対象とした解析プログラムの開発と数多くの解析に携わってきました。本書は，それらの経験から得たことを踏まえて，信頼性の高い解析を行うために知っておいて欲しいことや留意すべき点などを，できるだけ分かりやすく書いたものです。学生の方から技術者の方まで，少しでも研究や実務のお役に立てればと願っています。

　本書出版にあたりご尽力いただいた日本建築総合試験所の上谷宏二理事長および京都大学学術出版会の大橋裕和様に深謝いたします。

2023 年 4 月　著者より

用語について

解析

　本書のタイトルにある「解析」の本来の意味は，事柄を細かく分けて組織的，論理的に調べることですが，構造の分野では，外力を受ける構造物の応答（変形，ひずみ，応力など）を求めることを指し，「構造解析」とも呼ばれます。似たような表現として，「シミュレーション（Simulation）」がありますが，これは実際の挙動を模擬することで，構造の分野では，地震時の構造物の動きをコンピュータによる計算によって予測したり再現したりすることを指します。また，「数値解析」という表現も用いられますが，これは数学問題の解を厳密あるいは近似的に求めることで，「構造解析」の意味で用いられることもあります。本書では「解析」を「構造解析」の意味で用いています。

非線形解析

　材料の性質が一定であれば応力とひずみの関係は「線形」ですが，コンクリート構造においては，コンクリートのひび割れや圧壊，鋼材の降伏などにより，応力とひずみの関係は「非線形」になります。このような材料の非線形性を考慮した解析を「材料非線形解析」と呼びます。また，変形が大きくなると，変位とひずみの関係が線形ではなくなります。このような現象を考慮した解析を「幾何学的非線形解析」と呼びます。そして，これらの両者を考慮した解析を「複合非線形解析」と呼ぶこともありますが，コンクリート構造は鉄骨構造などに比べると変形は小さいため，「材料非線形解析」が行われるのが一般的です。本書では「材料非線形解析」を中心に扱い，それを「非線形解析」と呼びます。なお，線形を仮定した解析は「線形解析」ですが，材料の特性を線形とした解析は「弾性解析」とも呼ばれます。

解析プログラム

　コンピュータを動作させる手順を記述したものを「プログラム（Program）」とか，コンピュータ・プログラムと呼びます。類似した用語のソフトウェア（Software）はハードウェア（Hardware）の対義語で，コンピュータを動作させるためのプログラム（Program）

のことを指し，略して「ソフト」とも呼ばれます。「解析プログラム」は何かを解析するためのコンピュータ・プログラムであり，「解析ソフト」も同じ意味で使われています。

　最近では「アプリケーション（Application）」ないし「アプリ」という表現も使われますが，本来は「アプリケーション・ソフトウェア」のことを指し，コンピュータを制御する「オペレーティング・システム（Operating System；OS）」以外のソフトウェアを指します。

　この他に「解析コード（Analysis Code）」という表現も使われることがあります。「コード」には，略号，符号，規則などの意味があり，「ソース・コード（Source Code）」はプログラム言語を用いて記述された文字列を指します。電力業界や原子力の分野では解析プログラムのことを「解析コード」と呼ぶことが多いようです。

1章 コンクリート構造の非線形解析の特徴

　コンクリートは圧縮には強く，引張には弱い材料ですから，地震などの外力や温度変化を受けるとコンクリート構造にはひび割れが生じます。また外力を受けなくてもコンクリートが硬化する過程である程度収縮するため，ひび割れが生じます。つまり，コンクリート構造にとって，ひび割れは避けることのできない宿命とも言えます。構造設計においては，ひび割れの発生はある程度は許容しており，ひび割れの発生により剛性が低下し，力の伝達メカニズムも変化します。材料の性質が変わるため，力と変形の関係が線形ではなくなり，非線形性を示すことになります。大きな圧縮力を受けるとコンクリートは徐々に剛性が下がり，最大強度に達すると急激に破壊が進行します。降伏しても延び続ける鋼材に比べると，コンクリートの非線形性は顕著であることから，強非線形材料とも呼ばれています。

　コンクリートを構造用材料として用いるためには引張が作用しないようにするか，鋼材のように引張に強い材料と組み合わせることが必要です。コンクリートと鋼材を組み合わせた構造には以下のようなものがあります。

鉄筋コンクリート：Reinforced Concrete（RC）

　直径が 10mm〜50mm 程度の鉄筋を補強材としたコンクリート構造で，最も一般的です。

鉄骨鉄筋コンクリート：Steel Reinforced Concrete（SRC）

　鉄骨の周りを鉄筋とコンクリートで覆った構造で，規模の大きな建物や中高層の建物に使われていますが，コンクリートと鉄筋の強度が向上した RC に押され気味でした。しかし，近年は再び中高層建物への適用が増えています。

コンクリート充填鋼管構造：Concrete Filled Steel Tube（CFT）

　鋼管の中にコンクリートを充填した構造で，主に高層建物の柱などに用いられます。

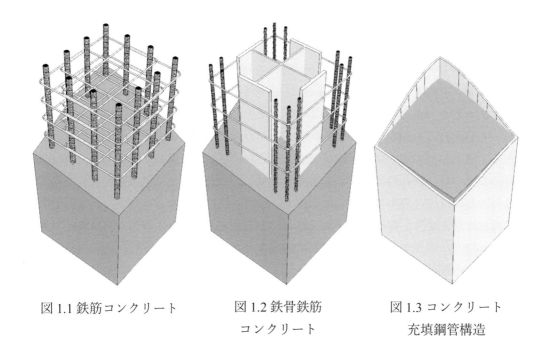

図 1.1 鉄筋コンクリート 　　図 1.2 鉄骨鉄筋 　　　図 1.3 コンクリート
　　　　　　　　　　　　　　　コンクリート 　　　　　　充填鋼管構造

鋼板コンクリート構造：Steel Concrete（SC）

　2枚の鋼板の間にコンクリートを挟み込んだ構造で，原子力関連の施設など，遮蔽性
や気密性が必要なところに使われます。

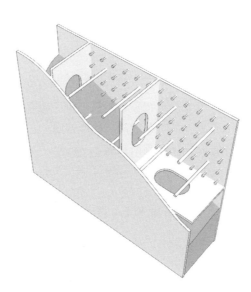

図 1.4 鋼板コンクリート構造

プレストレストコンクリート：Prestressed Concrete（PC）

　コンクリートにあらかじめ圧縮力を与えて，ひび割れを抑制する構造で，PC 鋼材と呼ぶ引張強度の高い鋼材をコンクリートの中に通しておき，それを引っ張ることによる反力でコンクリートに圧縮力を与えます。スパンが長い梁や橋桁などに用いられます。

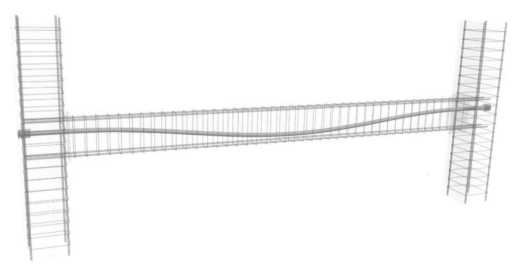

図 1.5　プレストレストコンクリート梁を用いた架構の例

プレキャストコンクリート：Pre-cast Concrete（PCa）

　PC と名前が似ていますが，工場などで製作するコンクリート製品で，中には鉄筋が組み込まれています。小さなものでは側溝やマンホール，大きなものではタワーマンションの柱や梁などの部材があります。

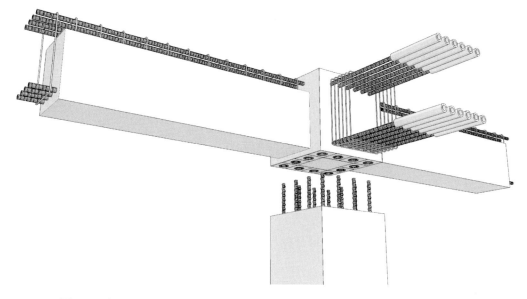

図 1.6 プレキャストコンクリートを用いた柱，梁，接合部の組み立て例

繊維補強コンクリート：Fiber Reinforced Concrete（FRC）

　補強材に長さが数ミリ〜数センチの鋼繊維や有機繊維を用いたコンクリート構造で，鉄筋と共に用いられることもあります。大きなひび割れが生じないようにしたり，ひび割れを分散させたりすることで，損傷を目立たなくする効果があります。

20mm

図 1.7 有機繊維の例
（ポリプロピレン繊維）

図 1.8 ひび割れの拡大を抑制する繊維

　以上のようにコンクリートと鋼材を組み合わせた構造を総称してコンクリート構造と呼びます。有限要素法を用いてコンクリート構造の非線形解析を行うと以下のようなことが分かります。

・外力（荷重）を受けた場合の変形状態

・ひび割れの発生部位，ひび割れの方向，ひび割れ幅（特殊な方法による）

・コンクリートと鋼材の応力とひずみの分布状況

・鋼材の降伏状況

・最大耐力（最大荷重，強度）

・破壊形式（曲げ破壊，せん断破壊など）

　一般的な建物の構造設計で用いられているフレーム解析（骨組み解析）では図 1.9 に示すように部材に生じる軸方向力，曲げモーメント，せん断力のような部材力しか得られませんが，有限要素法では図 1.10 に示すように部材や構造物の任意の位置の変位量，応力，ひずみなどの情報が詳細に得られるという長所があります。また，フレーム解析では壁やスラブなどの板状の部材は図1.11 に示すように線材に置換するなどの工夫が必要ですが，有限要素法では図1.12 に示すようにその形状のまま表現することができます。さらに，原子力関連の複雑な形状の構造物，曲面シェル構造，サイロ，タンクなどの容器状の構造物なども，その形状を小さな要素の集合体でモデル化してしまえば，どのような形であっても解析することができます。

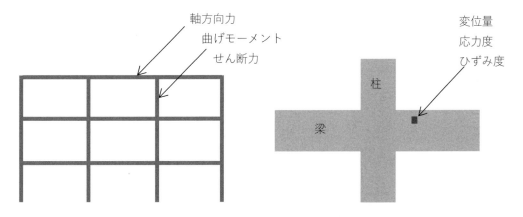

図 1.9 フレーム解析で得られる部材力　　　図 1.10 有限要素解析で得られる情報

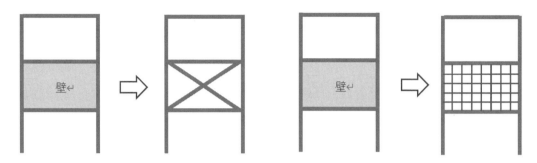

図 1.11 フレーム解析による壁のモデル化　　図 1.12 有限要素解析による壁のモデル化

　一方，有限要素法にも短所があります。まず，解析対象をモデル化するのに手間がかかります。形状と寸法を与えると自動的に解析用のモデルを作成してくれるソフトウェア（モデラ―）があり，金属材料や無筋コンクリート構造のように単一の材料で構成されているものをモデル化するのには便利です。しかし，鉄筋コンクリート構造は異なる材料を組み合わせた複合構造なので，鉄筋がどのように配筋されているかをモデルに反映させる必要があり，全てをソフトウェアに任せることは難しいのが現状です。CAD（Computer Aided Design）や BIM（Building Information Modeling）のデータから有限要素法のためのモデルを作成する試みもなされていますが，まだ実用的なレベルには至っていないようです。

　有限要素法による非線形解析は金属やプラスチックのような均質な材料を対象としたものは実務においても幅広い分野で行われていますが，コンクリート構造に関しては，研究目的での利用や特殊な構造物の設計，ディテールの検討などに用いられており，それほど普及していないのが現状です。その理由はコンクリート構造の解析特有の難しさがあるからだと思います。例えば，コンクリートは非線形が強く，剛性の変化が急激に起こりやすいこと，コンクリートと鋼材という力学的性質が異なる材料が組み合わされていること，コンクリートのひび割れやコンクリートと鋼材間の剥離や付着すべりという幾何学的な不連続性が現れやすいことなどが解析を難しくしている主な要因です。しかし，コンクリート構造を適切にモデル化して解析すれば，実現象をかなり高い精度で再現することも可能になっています。実験を補うために解析が行われることもありますので，今後，解析技術がさらに発展すれば実験が不要になる時が来るかも知れません。

〜〜〜〜〜〜〜〜〜〜〜〜〜〜〜〜〜〜〜〜〜〜〜〜〜〜〜〜〜〜〜〜〜〜〜

よもやま話（その１）〜バグ探しは犯人を追い詰める刑事の気分

　コンピュータ・プログラムに不具合は付きものです。プログラムの不具合はバグ（bug；小さな虫）と呼ばれ，不具合箇所を見つけて修正することをデバッグ（debug）と言います。プログラムの行数が数万〜数十万になるとバグを完全に無くすことは難しくなります。解析の途中でエラーを生じて計算が止まってしまう場合は，その場所を突き止めれば良いので，バグ修正にはそれほど手間は掛からないのですが，結果がどうも不自然だというのが最も難儀なケースです。プログラムの中のどこに原因があるのかを突き止める必要があります。どういう場合に結果が不自然になるのか，その条件の組合せから不具合箇所を徐々に絞り込んでいきます。そして，その前後で怪しいと思われる変数の値を一つずつチェックしていきます。この作業にはかなりの手間と時間がかかります。朝から晩までプログラムリストと変数の値を睨んでいると，あたかも犯人を追い詰めていく刑事になったような気がしてきます。連日の作業でやっとバグを見つけた時の嬉しさは格別です。まさに真犯人を探し当てた名刑事の気分です。

〜〜〜〜〜〜〜〜〜〜〜〜〜〜〜〜〜〜〜〜〜〜〜〜〜〜〜〜〜〜〜〜〜〜〜

2 章 有限要素法について

　有限要素法（Finite Element Method）は英語の頭文字を略して FEM と呼ばれ，微分方程式を近似的に解くための数値解析法の一つです。1956 年に航空機の翼の設計をするために米国で考案されたのが始まりと言われています [2.1]。有限要素法では解析の対象を有限個の「要素（Element）」に分割し，各要素は「節点（Node）」で連結されていると仮定します（図 2.1）。主に連続体を扱い，どんな形状でも扱うことができるという特徴があります。有限要素法という名称はカリフォルニア大学の構造工学のクラフ先生（R. W. Clough）が 1962 年に発表した論文 [2.2]の中で初めて用いたそうです。

　有限要素法による構造解析では変位を未知数にとる変位法が一般的です。これは，構造物に荷重が作用した時にどのように変形するかを，各節点における力と変位の関係を連立方程式として解くことにより，求める手法です。基礎理論は早期に確立されていましたが，未知数が多くなると連立方程式を解くための計算量が膨大となるため，実際の問題に適用することは困難でした。1970 年代になると大型コンピュータが実用化されるようになり，有限要素法は様々な分野で普及し始めました。

有限要素法の計算手順

　有限要素法による構造解析の手順を以下に示します。

① 解析対象を仮想の境界線や境界面によって要素に分割します。

② 支持条件（境界条件）と荷重を与える位置や大きさ（荷重条件）を決めます。

③ 要素内の任意点の変位を，その要素の節点の変位で表わす関数（内挿関数）を決めます。

$$\{u\} = [N]\{\delta\} \tag{2.1}$$

$\{u\}$：要素内部の変位

$\{\delta\}$：節点変位

$[N]$：要素内部変位〜節点変位関係マトリクス

④ 要素のひずみと節点変位との関係を表すマトリクスを求めます。

$$\{\varepsilon\} = [B] \{\delta\} \tag{2.2}$$

$\{\varepsilon\}$：要素のひずみ

$[B]$：要素ひずみ～節点変位関係マトリクス

⑤ 要素の応力とひずみの関係を表すマトリクスを決定します。

$$\{\sigma\} = [D] \{\varepsilon\} \tag{2.3}$$

$\{\sigma\}$：要素の応力

$[D]$：要素応力～ひずみ関係マトリクス

⑥ 要素に加わる外力（節点力）と要素の節点変位との関係を表す剛性方程式を求めます。そのための手法はいくつかありますが，ここでは仮想仕事法による方法を示します。

仮想仕事法により，外部仕事 W_{EX} が内部仕事 W_{IN} に等しいとして以下の式が成立します。

$$W_{EX} = \{\delta\}^T \{f\} \tag{2.4}$$

$\{f\}$：外力

$$W_{IN} = \sum dW_i \tag{2.5}$$

$$dW_i = \int_{vol} \{\varepsilon\}^T \{\sigma\} dV \tag{2.6}$$

ここで，式(2.1)～式(2.3)より，$\{\varepsilon\}^T\{\sigma\}$は次のように表されます。

$$\{\varepsilon\}^T\{\sigma\} = \{\varepsilon\}^T[D]\{\varepsilon\} = \{\delta\}^T[B]^T[D]\{\varepsilon\} = \{\delta\}^T[B]^T[D][B]\{\delta\} \tag{2.7}$$

よって，$W_{EX} = W_{IN}$ より，次式が得られます。

$$\{f\} = \left(\int_{vol}[B]^T[D][B]dV \right)\{\delta\} = [K]\{\delta\} \tag{2.8}$$

$[K]$：剛性マトリクス

⑦ 各節点において節点力の釣合い式を設け，解析対象全体について節点変位を未知数とする剛性方程式を組み立てます。

⑧ 与えられた荷重に対して全体剛性方程式を解くと，各節点の変位が得られます。

⑨ 得られた節点変位に基づいて，要素内のひずみと応力を計算します。

　以上の手順の内，①と②は解析する人が行います。③以降はプログラムが自動的に実行します。

要素の種類

　有限要素法で用いることができる要素には様々な種類がありますので，解析対象の形状や荷重の種類，解析の目的などに応じて，適切な要素を選択することが大切です。そのためには，それぞれの要素の種類と特徴を知っておく必要があります。以下に代表的な要素を挙げておきます。

＜形状による分類＞

　　線材要素：棒要素，トラス（Truss）要素，梁（ビーム；Beam）要素

　　平面要素：三角形要素，四辺形要素，シェル（Shell）要素　積層シェル要素

　　立体要素：四面体要素，三角柱要素，六面体要素

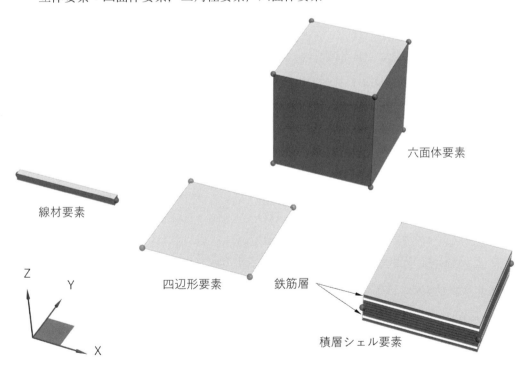

図 2.1　一般的な要素（物理的な大きさを持つもの）

＜内挿関数による分類＞

　　一次要素：要素内の変位の分布を線形と仮定する要素（中間節点が無い要素）

　　二次要素：要素内の変位の分布を二次曲線と仮定する要素（中間節点がある要素）

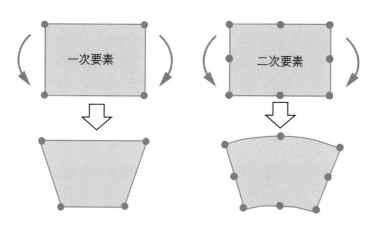

図 2.2　一次要素と二次要素（四辺形要素）

＜応力とひずみの成分による分類＞

　　応力とひずみが各 1 成分：トラス要素

　　応力が 3 成分でひずみが 4 成分：平面応力要素，シェル要素

　　（垂直応力 2 成分，せん断応力 1 成分，
　　　　ひずみは応力に対応する 3 成分＋面外垂直成分）

　　応力が 4 成分でひずみが 3 成分：平面ひずみ要素

　　（垂直ひずみ 2 成分，せん断ひずみ 1 成分，
　　　　応力はひずみに対応する 3 成分＋面外垂直成分）

　　応力とひずみが各 6 成分（垂直 3 成分，せん断 3 成分）：立体要素（六面体要素など）

　図 2.1 に示す要素はいずれも物理的な大きさを持つ固体要素（ソリッド要素；連続体要素）に属します。コンクリート構造の解析で良く用いられる要素は，トラス要素（鉄筋のモデル化），平面応力要素，積層シェル要素，六面体要素です。積層シェル要素は

シェル要素を厚さ方向に層分割したもので，各層は剥離することなく，曲げに対して平面保持の仮定が成り立ちます。鉄筋も層状に置換して鉄筋層として断面内の任意の位置に配置することができます。各層毎にコンクリートのひび割れや圧壊，鉄筋の降伏などの非線形現象を考慮できるので，曲げを受ける壁やスラブ，シェル構造などの解析に適しています。これら以外にも，軸対称体を解析する場合には，軸対称ソリッド要素（三角形，四角形）や軸対称シェル要素が用いられます。

　有限要素法では物理的な大きさを持たず，図 2.3 に示すような力学的性質のみを有する接合要素も用いられます。接合要素には，節点と節点を連結するバネ要素（並進，回転），辺と辺を連結する要素（線接合要素），面と面を連結する要素（面接合要素）などがあります。

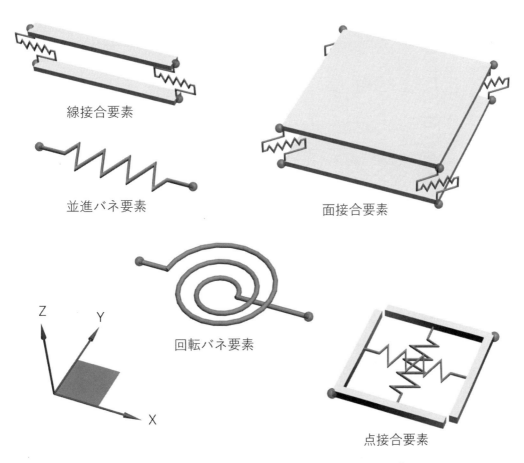

図2.3 接合要素（物理的な大きさを持たないもの）

鉄筋コンクリート構造への適用

　有限要素法を鉄筋コンクリート構造に初めて適用したのはカリフォルニア大学の Ngo と Scordelis で 1967 年に梁の解析に関する論文 [2.3] を発表しています。この論文では，図 2.4 に示すような引張鉄筋のみを有する鉄筋コンクリートの単純支持梁が二点載荷を受ける場合の挙動を，平面応力場を仮定して解析しています。ひび割れの位置はあらかじめ決めておき，その位置ではコンクリートに対応する要素を切り離しています。そして，図 2.3 でも示した直交二方向のバネで構成される点接合要素（Linkage element）を鉄筋とコンクリートの間に挿入することで付着を表現しています。同論文内では点接合要素をボンドリンク（Bond link）と呼んでいます。

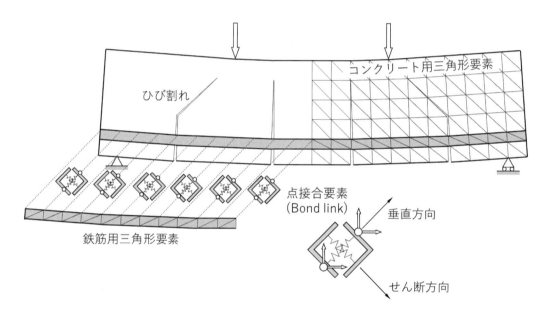

図 2.4 Ngo と Scordelis による鉄筋コンクリート梁の解析モデル [2.3]

　その後，コンクリート構造を対象とした有限要素法は以下のような発展を遂げてきました。

　1970〜80 年頃　非線形挙動を表現するための応力〜ひずみ構成モデルが開発される。

　1980〜90 年頃　せん断問題に対する精度向上の研究，平板実験が国内外で行われる。

　1980 年代中頃　実務設計への応用が始まる。

1990 年頃より　スーパーコンピュータが登場し，3次元解析が行われるようになる。

1990 年代中頃　地震時を対象とした正負繰返し載荷解析や動的解析のための研究，
　　　　　　　破壊力学モデルの導入，寸法効果の解析，ポストピーク挙動の解析等。

2000 年頃〜　パソコンで解析できる市販ソフトが普及し始め，実務での活用が増える。

2010 年頃〜　大規模モデルによる詳細解析，長周期地震動対応の解析などが行われる。

　現在では一般的なパソコンでも大きなモデルの解析が可能になり，そのためのソフトウェアも国内外で市販されています。それらは比較的安価に入手できるようになり，研究や実務において以下のような目的で活用されています。

・構造物の応力照査，配筋量の決定（主に線形解析）

・設計式，配筋方法の妥当性，安全余裕度の確認

・力の伝達メカニズムや破壊に至るまでの挙動の解明

・地震などの外力による損傷度の予測

・構造実験の事前検討，試験パラメータの絞り込み

・実験が困難な場合の挙動予測（活断層による強制変位など）

・構造物に生じたひび割れやゆがみなどの不具合の原因調査

参考文献

2.1)　Turner, M.J., Clough, R.W., Martin, H.C. and Topp, L.J.: Stiffness and Deflection Analysis of Complex Structures, Journal of the Aeronautical Sciences, Vol.23, No.9, pp. 805-823, Sept. 1956.

2.2)　Clough, R.W. and Wilson, E.L.: Stress Analysis of a Gravity Dam by the Finite Element Method, RILEM Bulletin, No.19, pp. 45-54, 1963.

2.3)　Ngo,D. and Scordelis, A.C.: Finite Element Analysis of Reinforced Concrete Beams, ACI Journal, Vol. 64, 1967, pp. 152-163.

~~~~~~

よもやま話（その２）〜ばらばらになったプログラム

　1980 年頃，大学に大型コンピュータが導入されました。当時は電子計算機と呼ばれていました。「大型計算機センター」という名前の独立した建物に収められ，中に入ると夏でも寒いくらい冷房が効いていました。まだ研究室には空調がなかった時代ですから，卒業研究の解析のために計算機センターに行くのは楽しみでもありました。当時は解析プログラムも入力データも全て紙のカードに記録していました。約 8cm×19cm の横長のカードはパンチカードと呼ばれ，小さな四角い穴がいくつも開いていて，カード１枚がプログラムやデータの１行を表していました。卒業研究では研究室の先生が作成された鉄筋コンクリート構造の有限要素解析プログラムを使用していました。プログラムの中身はカードに記録されていて，それらはプログラムのコーディング順に並べられ，カード収納用ラックに収められていました。

　解析を行うためにはそのプログラムと入力データが記録されたカードを持って計算機センターに行き，カードリーダーという機械に読み込ませます。プログラムはカード 8000 枚位でラックの引き出し２つ分でした。その引き出しは抜き出して持ち運べるタイプで，いつもは両手に抱えて 100m ほど離れた計算機センターまで徒歩で持って行くのですが，ある日，横着をして自転車で行こうと考えました。引き出し２つを自転車の荷台にくくり付け，こぎ出して間もなく，小さな段差を乗り越えた瞬間に引き出しが荷崩れを起こし，カードの大半が地面に散らばってしまいました。慌ててかき集めて何とか引き出しに収めたもののカードの順番はばらばらです。当然のことながら，それを読み込ませてもプログラムは機能するはずはありません。幸い，カードの片隅には通し番号が印字されていたので，研究室に戻って正しい順番に揃え直すことにしました。ところが，プログラムは何度も改良を繰り返していたこともあり，後で追加した部分には番号が付いていないことが分かりました。こうなるとあとは印刷されているプログラムリストだけが頼りです。一行一行，カードに印字された内容とプログラムリストを照合させながら丸二日ほどかけて何とか元通りの順番に並べ終えることができました。卒業研究での忘れられない思い出です。

~~~~~~

3章 解析対象のモデル化方法

　解析対象をモデル化するということは物理的な大きさをもつものを数学的モデルに置き換えることを意味します。有限要素法では解析する対象を小さな要素の集合体として表現することが「モデル化」に対応します。これは小さな領域に分割することと同じ意味なので，この作業を「要素分割」とか「メッシュ分割」，「メッシュ割り」などとも呼びます。メッシュ（Mesh）は網目を意味する英語ですが，解析対象を要素分割した図が網目のように見えることから，そのように呼ばれます。ここではモデル化の手順と留意すべき点を以下に挙げておきます。

解析領域の決定と境界条件の設定

　構造実験の試験体のように限定された領域を解析対象とする場合は，その全部を解析領域とします。大きな構造物を解析対象とする場合には，どこまでを解析対象とするかを事前に決定します。通常，構造物は地盤の上，あるいは地盤の中にあるので，地盤との相互作用を検証する必要がある場合は，地盤を含めてモデル化します。基礎へ直接入力できる加速度データがある場合，あるいは地盤を無視して構わない場合は，構造物のみを対象とします。さらに構造物の一部分の挙動を検証したい場合には，部分モデルを作成します。

　解析領域の大小に関わらず，境界条件を設定する必要があります。地盤が強固で変形が無視できる場合には，地盤との境界部，すなわち底部変位を固定します（図 3.1 の左側）。

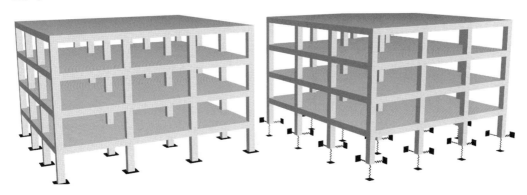

図 3.1　建物—地盤間の境界条件（左：固定　右：地盤バネ）

　地盤との相互作用を検討しなければならない場合には，地盤の領域をモデル化します（図3.1の右側）。計算機の能力や時間に制約がある場合，地盤の剛性に相当するバネを設けることによって簡易化が可能です。

　構造物の一部，例えば接合部のみに着目する場合は，周辺との境界部では変位を固定する方法（図3.2(a)），および別に求めた境界部の変位を強制変位として与える方法があります（図3.2(b)）。

　解析領域の決定は，モデル化に要する手間と計算時間に大きく関わりますので，必要以上に大きく取り過ぎてはいけません。解析対象の形状と荷重の作用の仕方によっては対称条件を利用できます。変位の拘束条件を導入することで実際の1/2，1/4，1/8などにモデル化した例を図3.3に示します。

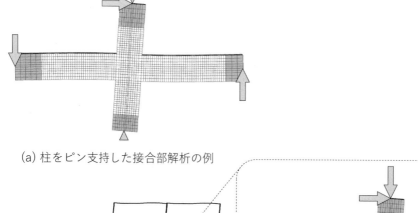

(a) 柱をピン支持した接合部解析の例

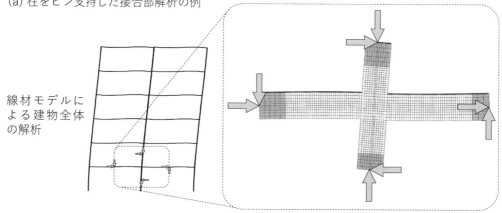

線材モデルによる建物全体の解析

(b) 線材解析に基づく柱・梁変位を接合部解析モデルに与える例

図3.2 モデル境界の設定方法

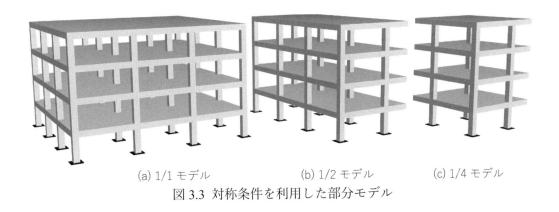

(a) 1/1 モデル　　　　(b) 1/2 モデル　　　　(c) 1/4 モデル

図 3.3　対称条件を利用した部分モデル

　逆対称せん断力を受ける柱や梁，柱梁接合部などは点対称条件を利用することで解析領域を 1/2 にできます。その場合，変位の従属条件を設定します（図 3.4）。

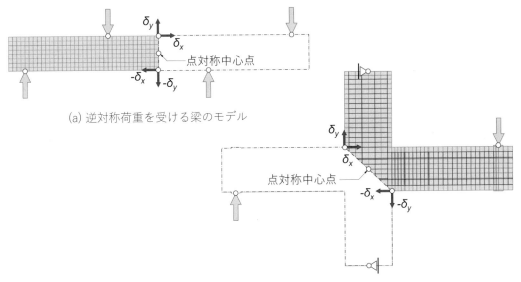

(a) 逆対称荷重を受ける梁のモデル

(b) 地震時荷重を受ける柱梁接合部のモデル

図 3.4　点対称条件を利用した部分モデル

　サイロや格納容器のように回転体で表現できる構造物が半径方向あるいは鉛直方向に荷重を受ける場合は，軸対称解析とすれば断面形状のみでモデル化できます。軸対称解析の機能がない解析プログラムでは，変位の拘束条件を与えて 1/4 モデルとする方法や，部分モデルに斜めローラー支持条件を与える方法があります（図 3.5）。

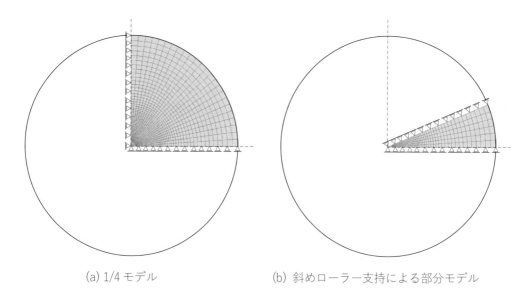

(a) 1/4 モデル　　　　　　　　(b) 斜めローラー支持による部分モデル

図 3.5　軸対称条件を利用した円形スラブの部分モデル

　計算時間は節点数のおよそ 2 乗に比例しますので，節点数が 1/2 になれば計算時間は 1/4 程度に減ります。また，計算後の図化処理（ポスト処理）を行うためのファイルのサイズは節点数と要素数に応じて大きくなりますので，計算機のストレージ容量を節約する上でも解析領域は必要最小限としなければなりません。例えば，断面が大きな基礎梁や基礎スラブのように変形がほとんど生じず，応力の照査も必要がない部分は解析対象から除き，上部構造のみのモデルを作成して，基礎との連結部分には変位の固定条件を導入します。構造実験の試験体であれば加力用のスタブ部分はモデル化せず，スタブと試験体の連結部分で変位を固定，ないし強制変位を与えます。

　荷重を動的に与えたり，地震時の加速度や衝撃力を与えたりする時刻歴応答解析を行う場合は，形状と密度を実物通りにモデル化します（図 3.6）。重量が一致していても実際と形状が異なっていると慣性力の作用の仕方が一致せず，誤った結果となります。

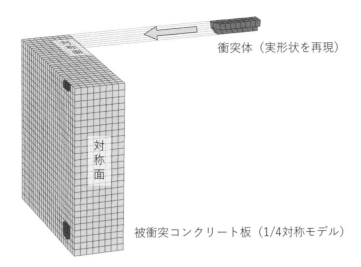

衝突体（実形状を再現）

対称面

被衝突コンクリート板（1/4対称モデル）

図 3.6 RC 板衝突解析のモデル（実形状の再現が必要）

二次元モデルと三次元モデル

　最初期の有限要素法は二次元モデルのみでしたが，今日ではその利用は相対的に減少しています。二次元モデルによる解析が可能なのは以下の条件を全て満足する場合です。

・形状を一つの平面上で表現することができる

・荷重は面内のみに作用する

・変形は面内に限定される

・面外方向に生じる応力やひずみの影響は無視できる

　二次元のモデルは平面モデルとも呼ばれ，平面応力か平面ひずみのいずれか一つです。二次元モデルは少ない要素数で済み，結果の把握も容易です。しかし，実際の構造物の形状は全て三次元ですので，二次元モデルに置換できるものは上記の通り限られます。

　三次元モデルには形状をそのままモデル化すればよく，今日では計算機の能力が向上したこともあり，一般的に使われています。

　二次元モデルと三次元モデルの中間に位置付けられるものにシェルモデルがあります。シェルモデルはシェル要素や板曲げ要素で構成されます。シェル要素は平面あるいは局面形状の要素で，板曲げ要素は平面形状の要素です。どちらも面外曲げモーメントを考

慮できます。床スラブや耐震壁を含む架構をモデル化する場合、面外曲げに抵抗するよう設計されている床スラブだけでなく、面内せん断を前提とした耐震壁にもシェル要素を用います。架構が変形すれば、耐震壁にもある程度の面外変形が発生するためです。

　シェルモデルによる解析が可能なのは、以下の条件を満足する場合です。

・要素面と直交する方向に応力やひずみが作用しない場合、つまりパンチングシアのような力が加わっていない場合

・厚さが極端に厚くない場合

　壁厚が厚く、面外方向に幅止め筋が配置されている肉厚の壁は立体要素でモデル化します。

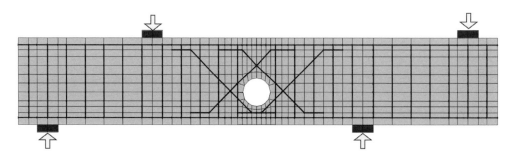

図 3.7　二次元モデルの例（鉄筋コンクリート有口梁）

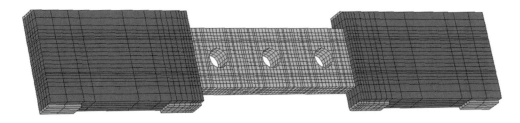

図 3.8　三次元モデルの例（鉄筋コンクリート有口梁）

要素の種類と形状

　鉄筋コンクリート構造の解析においては，二次元の場合は四辺形要素，三次元の場合は六面体要素がよく用いられます。三角形要素や四面体要素は，どのような形状でも分割でき，特にかつては複雑な形の機械部品などの解析に用いられてきました。しかし近年は要素分割支援ソフトウェアが充実し，また解析精度上もなるべく同種の要素を用いることが望ましいため，有限要素法における三角形要素，四面体要素，三角柱要素の使用例は減少しています。7 章の解析例でも，すべて四辺形要素または六面体要素を使用します。図 3.9 に一次要素（図 2.2 を参照）の例を示します。

　要素の望ましい形状は，計算精度の観点より，三角形要素では正三角形に近いこと，四辺形要素では正方形に近いこと，六面体要素では立方体に近いことですが，実際にモデル化すると細長い要素や鋭角の頂点を有する要素を使わざるを得ない場合があります。

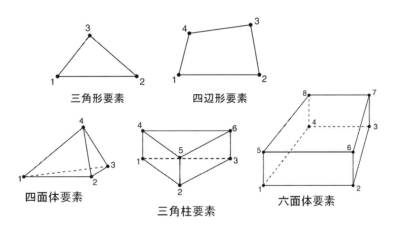

図 3.9　いろいろな形状の要素

　図 3.10 に一次の四辺形要素の形状と精度の関係を示します。四辺形要素の内角は 90 度が理想ですが，60 度〜120 度位の範囲内であれば精度はそれほど低下しません。それ以外の角度になっても解析は可能ですが，応力集中が予想される部位やひずみの変化が大きくなる部分では避けた方が良いです。内角が 180 度以上になると要素の面積や剛性マトリックスの計算が正しく行われなくなるため，解析プログラムの方で判定して受け付けないようになっていることが多いです。

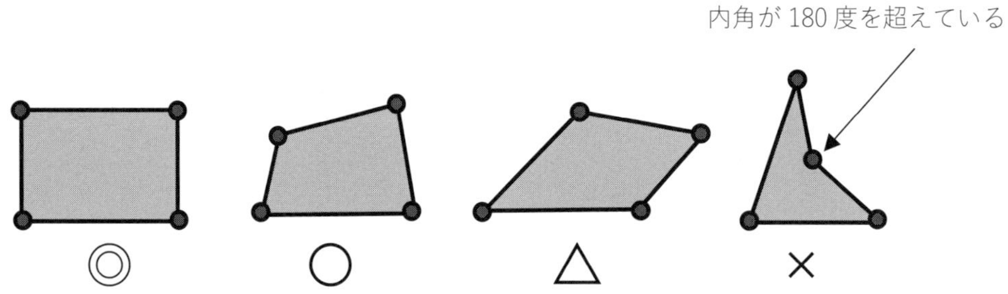

内角が 180 度を超えている

◎　　　　　○　　　　　△　　　　　×

図 3.10　四辺形要素の形状と精度

要素分割

　極めて単純な条件の解析では 1 要素のみで計算を行う場合もありますが，通常は解析対象を多数の要素に分割します。近似解法である有限要素法は，弾性解析であれば細かく分割するほど理論解に近づきますが，コンクリートのような非線形性の強い材料で構成された対象の場合，分割の細かさは必ずしも精度を保証しません。要素分割の基本方針は，ひずみ勾配が大きくなることが予想される部分（図 3.11）や，開口部の周囲などのように応力，ひび割れ，圧壊が集中する部分（図 3.12）で細かな分割とすることです。中間節点を持つ二次要素は単一でも理論値通りの曲げ変形を生じますが，中間節点を持たない一次要素では曲げ変形が理論値の 2/3 程度ですから二次要素より細かな分割にする必要があります。

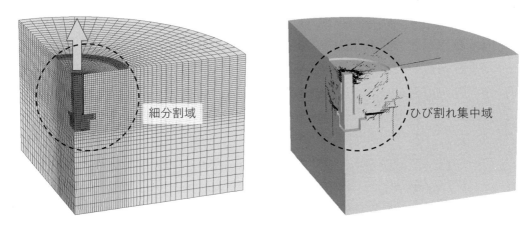

細分割域

ひび割れ集中域

図 3.11　要素分割に留意すべき箇所（アンカー引張試験体の応力勾配の大きな部分）

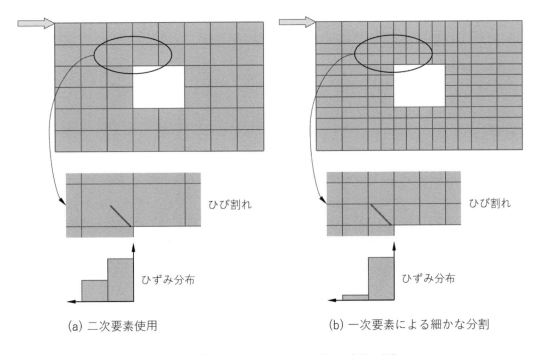

(a) 二次要素使用　　　　　　　　　　　　(b) 一次要素による細かな分割

図 3.12　要素分割に留意すべき箇所（開口部）

　要素分割に際しては，どのような種類の要素を用いるかを決める必要があります。線形解析のみを行うのであれば中間節点を有する二次要素を用いることで，少ない要素数でモデル化することができます。ただし，二次要素に分布荷重を与える場合には中間節点とそれ以外の節点で荷重係数が異なるため，各節点に等しい荷重を与えないようにして下さい（図 3.13）。

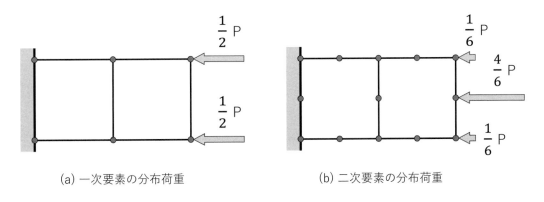

(a) 一次要素の分布荷重　　　　　　　　　(b) 二次要素の分布荷重

図 3.13　一次要素と二次要素の分布荷重の違い

　コンクリート構造のように非線形性が強いものを解析する場合には，精度と安定性の面から二次要素より中間節点のない一次要素を用いることを推奨します。その理由ですが，コンクリートにひび割れが生じると，その部分のひずみが増大し，ひずみ勾配が急激になります。そのようなひずみ分布は二次要素でも表現することは困難です。むしろ一次要素で細かく分割した方が良いと言えます（図3.14）。

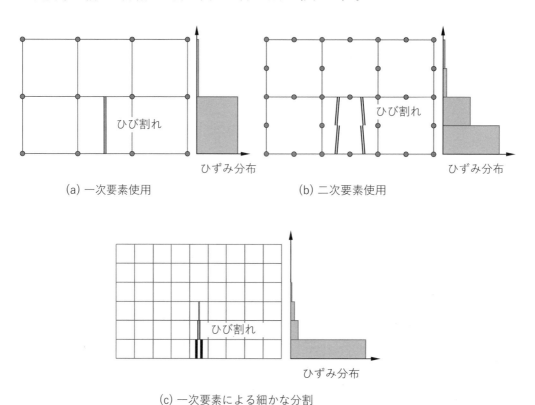

図3.14 要素種類とひび割れ周辺のひずみ分布

　要素分割の密度を決める際の参考として，壁が頂部に水平力を受ける場合の一次要素による高さ方向の分割数と変形量に関する弾性解析の結果を図3.15に示します[3.1]。壁の幅と高さの比によって精度が異なりますが，高さ方向に6分割程度とすることで，ほぼ理論値に近い結果が得られます。なお，この例は弾性解析なので壁の幅方向の分割数は精度には影響しませんが，材料非線形解析を行う場合には影響しますので，幅方向も高さ方向と同様に分割する必要があります。

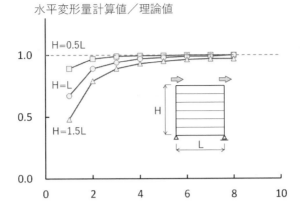

図 3.15　壁の高さ方向の分割数を変化させた場合の頂部水平変形量の弾性解析値の変化

　材料非線形解析により，鉄筋コンクリート壁の頂部に水平力を受けた場合の要素分割数と解析による強度の関係を図 3.16 に示します。図中の○印は四辺形要素のアスペクト比（長辺と短辺の長さの比）を壁のアスペクト比と同一としたもの，△印は要素のアスペクト比を 1（形状を正方形）としたものです。実験による強度と比較すると，要素分割数が多くなるほど，対応性が良くなることが分かります。水平力を受ける壁であれば，なるべく正方形に近い形状の要素を用いて 50 分割以上とすることで実用的な精度が得られます。

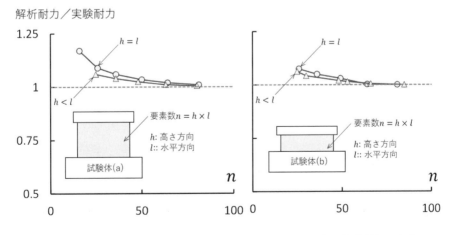

図 3.16　壁の要素分割数を変化させた場合の最大荷重解析値の変化

　ここで，図 3.16 の試験体(a)の結果より，荷重と変形の関係のグラフを図 3.17 に示します。荷重が低い範囲では要素分割の違いによる影響はほとんど見られませんが，ひび割れが生じて非線形性が強くなってくると差が生じ始め，最大荷重の近くではその差が顕著に表れています。要素数が 48 と 80 の差は僅かで，いずれも実際の最大荷重とよく対応していることが分かります。なお，ひび割れ発生時期が実験と解析で異なっている原因はコンクリートの引張強度の設定と関連しています。このことは材料特性の与え方の章で詳しく説明します。

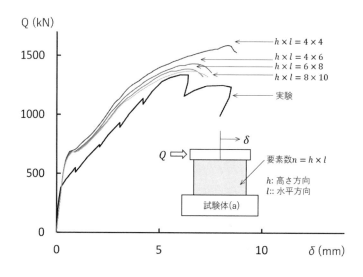

図 3.17　図 3.16 の試験体(a)の荷重―変形の比較

異種要素の混在

　三角形要素と四辺形要素では特性に違いがありますので，それらを混在させると不自然な結果になることがあります。図 3.18(a)は一様な厚さの板を，中間節点を持たない一次の三角形要素と四辺形要素でモデル化し，一方向に引っ張った場合の応力分布を示したものです。三角形要素の部分では応力が乱れていることが分かります。三角形要素の方が四辺形要素より剛性が高めに出やすいことが原因ですが，面外荷重を受けるスラブを三角形シェル要素と四辺形シェル要素を混在させてモデル化した場合にも同様の乱れが生じますから混在は避けるべきです。

　この例は要素の分割密度を変更するため，三角形要素を用いていますが，四辺形要素のみで分割密度を変更することもできます。従属節点，あるいは中間節点などと呼ばれるもので，ある節点の変位を他の節点の変位の関数として規定することで図 3.18(b)に示すようなモデル化が可能です。この例では図中の〇印の節点はそれぞれ両隣の節点（親節点）までの距離の比を保持しながら，親節点を結ぶ線上に位置するように変位が規定されます。これにより，一方向に引っ張った場合，応力の乱れを生じないことが分かります。

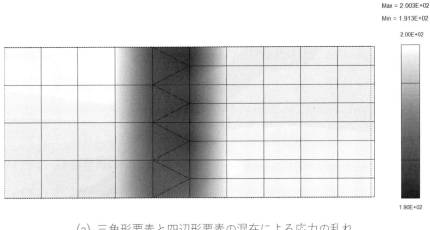

(a) 三角形要素と四辺形要素の混在による応力の乱れ

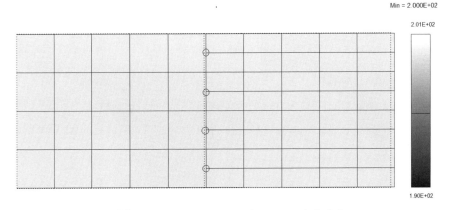

(b) 従属節点を用いたモデルによる応力分布

図 3.18　寸法の異なる要素の接続方法

　図 3.19 は円形の開口部を有する壁が縦横に引張力を受ける場合の解析で，開口部の周辺の要素分割の違いが結果に及ぼす影響を調べたものです。開口部に沿って細長い三角

形要素を使用した場合と，開口部の周りをゆがみの少ない四辺形要素でモデル化した場合では，最大主応力の分布が異なっています。本来は縦方向と横方向で主応力の分布は対称になるはずですが，細長い三角形要素を使用した場合には対称にならないことが分かります。三角形要素を使用する場合は解析対象全体を三角形要素で細かく分割するか，あるいは応力があまり大きくならない部位に限定すべきです。

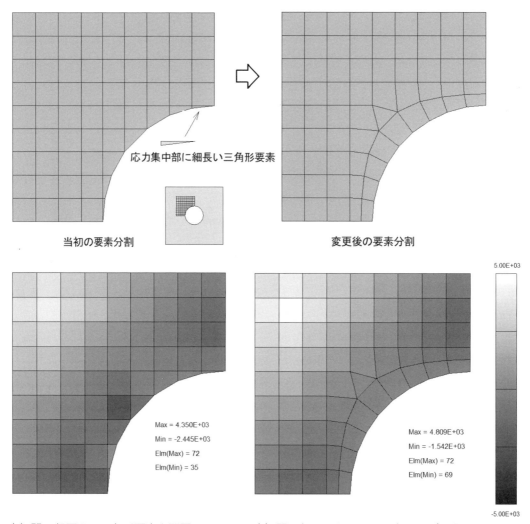

図 3.19　面内引張力を受ける円形開口部周りの最大主応力分布

　梁要素（ビーム要素）やシェル要素は節点に回転自由度がありますが，平面応力要素や六面体要素は節点に回転自由度がありません。そのため，一つのモデルの中で回転自由度がある前者と回転自由度がない後者を連結する場合は注意が必要です。図 3.20(a)に示すように，ビーム要素やシェル要素の節点と四辺形要素や六面体要素の節点を共有させて連結するとピン接合になります。それでは接合部分の節点の回転変位を拘束しておけば良いと考えがちですが，回転変位の拘束の有無に関わらず，ビーム要素やシェル要素からの曲げモーメントは四辺形要素や六面体要素には伝わりません。そこで，次の 2 つのいずれかの方法を用います。

①図 3.20(b)に示すようにビーム要素やシェル要素を四辺形要素や六面体要素の内部まで延長し，延長する要素は弾性体とする

②図 3.20(c)に示すように四辺形要素や六面体要素の表面部分に曲げモーメントを伝達できる弾性体の要素を重ねて，その要素にビーム要素やシェル要素を連結する

　延長した要素や表面に重ねた要素の節点では回転自由度を有効にします。ただし，延長した要素や表面に重ねた要素は本来存在しないものですから，それらの要素の軸剛性や面内剛性は小さい方が良いです。軸剛性や面内剛性を曲げ剛性とは独立して定義できない場合，その部分の変形が拘束されることになりますが，多くの場合それは基礎や試験体のスタブですので，影響は限定的です。

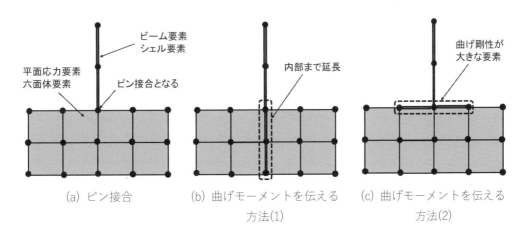

(a) ピン接合　　(b) 曲げモーメントを伝える方法(1)　　(c) 曲げモーメントを伝える方法(2)

図 3.20　回転自由度を持つ要素と持たない要素の連結

鉄筋のモデル化

コンクリート中に配筋された鉄筋のモデル化方法は線材置換，ソリッド置換，埋込み型の三種類に大別されます。それぞれに特徴があるため，解析の目的や解析対象の規模に合わせて決定します。

線材置換とソリッド置換は離散型あるいは離散鉄筋とも呼ばれ，鉄筋の 1 本 1 本を個別に線材要素や固体要素でモデル化する方法です（図 3.21）。配筋間隔が比較的粗い場合や太径の鉄筋が用いられている場合に適しており，鉄筋の位置に合わせて要素を分割します。図 3.6 の衝突体や図 3.11 の鋼ボルトは六面体要素でモデル化した鋼材で，鉄筋ではありませんが，この条件に近い例です。鉄筋を表現する要素とコンクリートを表現する要素の構成節点を共通とした場合は鉄筋とコンクリート間の付着すべりは生じませんので完全付着が仮定されます。

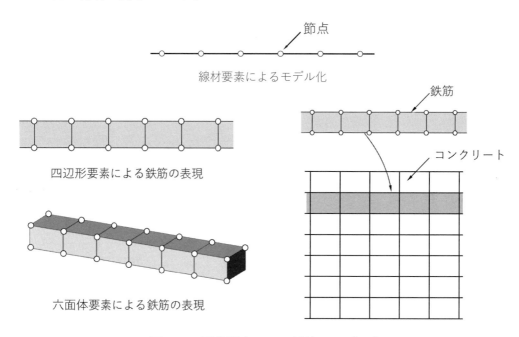

図 3.21　固体要素による鉄筋のモデル化

柱や梁の主筋などをモデル化する場合はトラス要素で表現されることが一般的ですが，太径の鉄筋の曲げ剛性を考慮するためには，ビーム要素や固体要素でモデル化する必要があります。しかし，鉄筋コンクリート中の鉄筋の曲げ剛性の寄与は一般的にはあまり大きくありません。ひび割れがずれるような動きをすると，ひび割れを横切る鉄筋が軸

と直交する方向に抵抗します。これはダボ作用と呼ばれ，せん断力を受ける柱や梁においてはダボ作用による抵抗があります。これを解析で考慮するためには，厳密にはひび割れを離散型で表現する必要がありますが，解析プログラムによっては分散ひび割れの中で間接的にモデル化できる場合もあります。

　埋込み鉄筋（embedded reinforcing bar）はコンクリートを表現する要素の中に鉄筋を定義するもので，分散型（smeared type）と離散型（discrete type）があります（図3.22）。分散型は鉄筋がある領域に一様に配筋されているものとして平均的に表現する方法で，分散鉄筋と呼ばれます。鉄筋の方向と鉄筋比を指定すれば良いのでモデル化し易く，スラブや壁のように等間隔で一様に配筋されているようなものに適しています。離散型は要素内の鉄筋の位置と方向を指定します。埋込み型では鉄筋とコンクリートは完全付着となり，付着すべりは考慮できません。

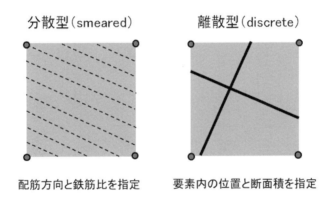

図 3.22　埋込み鉄筋のイメージ

　鉄筋コンクリート耐震壁やスラブのような面部材では鉄筋が一定の間隔で配筋されるため，図3.23に示すように配筋方向のみに剛性を有する鉄筋層に置換して，平面応力要素や積層シェル要素の埋込み鉄筋としてモデル化するのが一般的です。

　柱や梁を平面モデルで表現する場合はせん断補強筋を分散型としてモデル化することもありますが，せん断補強筋には内部のコンクリートを拘束する効果もあり，その効果を適切に考慮するためには線材要素や固体要素でモデル化した方が良いでしょう。

38

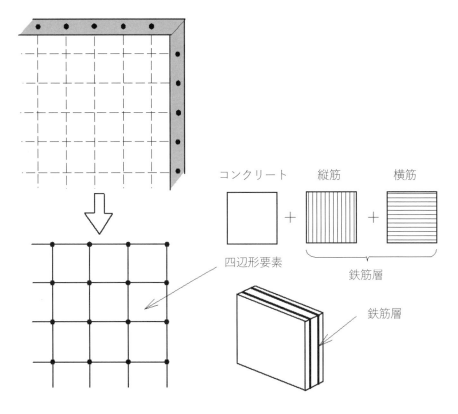

図 3.23　分散型埋込み鉄筋のモデル化

鉄筋とコンクリート間の付着すべりのモデル化

　鉄筋とコンクリート間の付着すべりを考慮する場合は鉄筋を表現する要素とコンクリートを表現する要素の構成節点を別々に設け，それらの間に接合要素を挿入して付着すべり特性を与えます。接合要素には付着応力とすべり量の関係を与えます。図 3.24 は平面モデルにおいて鉄筋とコンクリートの間の付着すべりを考慮するためのモデル化方法の一例を示したものです。コンクリートは平面要素，鉄筋はトラス要素で表現し，コンクリートの要素の分割線上にトラス要素を重ねて配置しています。両者の間には接合要素を挿入して相対すべり（付着すべり）を考慮します。接合要素はトラス要素節点と同一座標上にある平面要素の節点を連結し，付着応力とすべりの関係を与えます。接合要素の剛性を決めるための面積は鉄筋の表面積とします。接合要素の中には辺と辺を連結するタイプもあります。図 3.25 は立体モデルの場合です。コンクリートは六面体要素，

鉄筋はトラス要素とするのが一般的ですが，特に太い鉄筋であれば六面体要素で表現することもあります。その場合は鉄筋の表面とコンクリートの間は面と面を接合する要素で連結します。

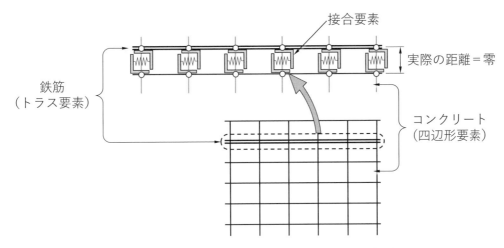

図 3.24　平面モデルにおける付着すべりのモデル化

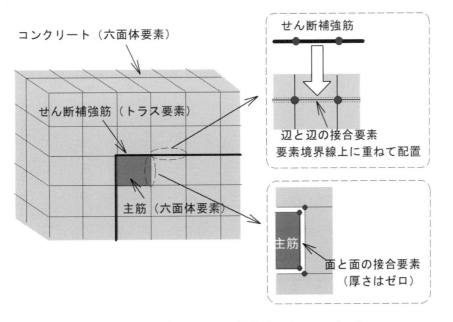

図 3.25　立体モデルにおける付着すべりのモデル化

鋼材とコンクリートの混合構造のモデル化

　鉄骨と鉄筋コンクリートを組み合わせた構造には図 3.26 に示すような鉄骨鉄筋コンクリート構造（SRC 構造）や，図 3.27 に示すような柱 RC 梁 S 構造（RCS 構造）があります。そのような構造を解析する場合，コンクリートは立体要素（図 3.26(b)，図 3.27(b)），H 型鋼などの鉄骨部材は曲げが考慮できるシェル要素（図 3.26(c)，図 3.27(c)）でモデル化するのが一般的です。鉄骨部材とコンクリートは完全に一体となっているわけではなく，剥離やすべりが生じますので，両者の間に接合要素（図 3.26(d)，図 3.27(d)）を挿入し，接合面の引張特性やすべり特性を与えます。離間を表現する接合要素には引張の垂直応力が離間する強度に達したら剛性を零とする特性を与えます。離間後はすべりに対して摩擦力が生じるような特性を与えることもできます。圧縮に対しては剛な特性を与えますが，接合面に作用する圧縮力はすべり特性に影響を与えますので，摩擦係数を考慮します。これに関しては材料特性の与え方の章で説明します。

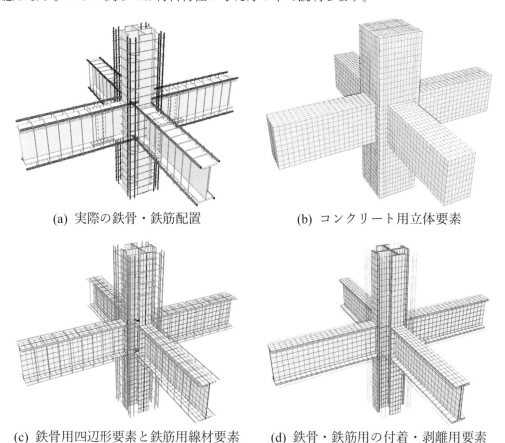

(a) 実際の鉄骨・鉄筋配置　　　　　(b) コンクリート用立体要素

(c) 鉄骨用四辺形要素と鉄筋用線材要素　　(d) 鉄骨・鉄筋用の付着・剥離用要素

図 3.26　鉄骨鉄筋コンクリート構造の柱・梁接合部のモデル化

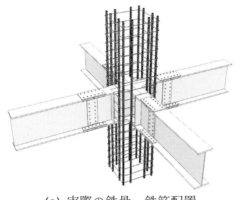

(a) 実際の鉄骨・鉄筋配置

(b) コンクリート用立体要素

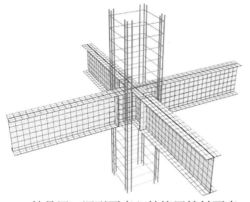

(c) 鉄骨用四辺形要素と鉄筋用線材要素

(d) 鉄骨・鉄筋用の付着・剥離用要素

図 3.27　柱 RC 梁 S 構造柱・梁接合部のモデル化

　コンクリートと鋼管を組み合わせたコンクリート充填鋼管構造（CFT 構造）や鋼板コンクリート構造（SC 構造）なども同様に，鋼管や鋼板をシェル要素，コンクリートは立体要素でモデル化し，両者を接合要素で連結します。剥離や相対すべりが生じないとみなせる場合には接合要素は用いず，コンクリートと鋼材の要素の節点を共通とすれば完全付着が仮定されます。付着を良くするために鋼管の表面にリブが付いていたり，鋼板がアンカーによりコンクリートに定着されていたりする場合，付着すべりは小さいため全体の挙動にはあまり影響を及ぼしませんが，接合面付近の局部的な応力状態や破壊性状に着目する場合は，接合要素を用いて付着応力～すべり関係を定義する必要があります。

コンクリートのひび割れのモデル化

　コンクリートのひび割れを表現するモデルは離散ひび割れモデル（discrete crack model）と分散ひび割れモデル（smeared crack model）に大別されます（図3.28）。それらのイメージを図3.29に示します。

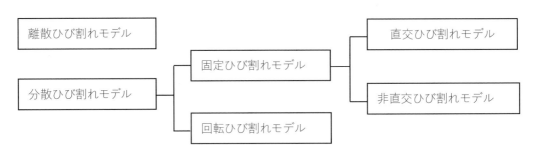

図3.28　コンクリートのひび割れモデル

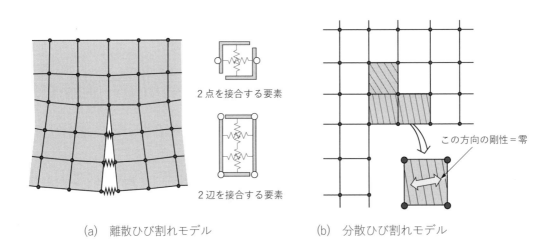

(a)　離散ひび割れモデル　　　　　　　(b)　分散ひび割れモデル

図3.29　離散ひび割れモデルと分散ひび割れモデル

(1) 離散ひび割れモデル

　離散ひび割れモデルはカリフォルニア大学のNgoとScordelisの解析[3.2)]が最初です（図2.4，図3.30）。コンクリートを表現する要素と要素の間に接合要素を挿入して，接合要素に作用する応力がコンクリートの引張強度を越えたら，その剛性を零とすることで，コンクリートを表現する要素同士の連結を切り離し，ひび割れを直接的に表現するもの

です。ひび割れの方向が要素分割に依存するため，あらかじめ，ひび割れの方向を想定
して要素分割を行っておく必要があります。コンクリートの打継ぎ部や断面が変化する
箇所など，ひび割れの発生が予測される場合などに適しています。プレキャスト部材の
接合部における離間やずれを表現する場合も接合要素が用いられます。

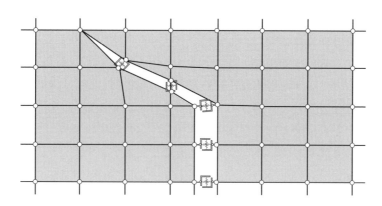

図 3.30　離散ひび割れによるコンクリートのひび割れの表現例 [3.2]

　離散ひび割れをトラス要素で表現した鉄筋が横切る場合はモデル化がやや煩雑になり
ます。図 3.31 に示すように，ひび割れ面の両側の節点はひび割れ発生により切り離され
てしまいますから，ひび割れ部ではトラス要素の節点をコンクリートとは独立して定義
しておく必要があります。このようなモデル化では鉄筋の付着すべりを考慮しておかな
いとひび割れ開口が拘束されてしまいます。付着すべりを考慮する方法は 4 章を参照し
て下さい。

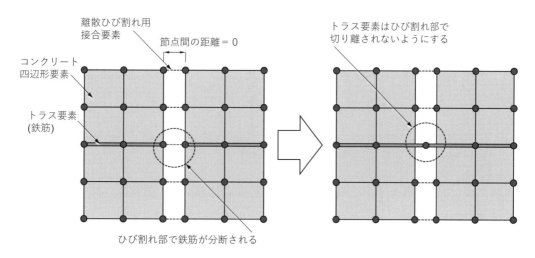

図 3.31　離散ひび割れ部における鉄筋のモデル

(2) 分散ひび割れモデル

　分散ひび割れモデルは米国の構造技術者の Rashid がプレストレスコンクリート製圧力容器の解析[3.3]のために考案しました。要素内のある方向に一様にひび割れが生じている状態を表現するもので，要素の主応力がコンクリートの引張強度を越えたら，主応力方向の垂直剛性を零とします。それによって，ひび割れを視覚的に表すのではなく，主応力方向と直交する方向にひび割れが生じている状態を力学的に表すことができます。要素分割に依存せず，扱いも簡単であることから，広く普及しています。ひび割れ発生後にひび割れ直交方向のひずみが零または負になった場合はひび割れが閉じたものとして，垂直剛性を復活させることで，再び力を伝達することができます。ひび割れの方向は記憶しておき，ひび割れ直交方向に引張力が作用し，引張ひずみに転じた場合は，ひび割れが再開したものと判断して，再び垂直剛性を零とします。

　図 3.32 に鉄筋コンクリートの片持ち梁を離散ひび割れモデルと分散ひび割れモデルで解析した結果を示します。ひび割れの発生領域は両者でほぼ同様ですが，離散ひび割れモデルではひび割れの方向が要素の分割線と一致します。一方，分散ひび割れモデルではひび割れの方向は要素によって異なっており，線の太さは要素のひび割れ直交方向の垂直ひずみの大きさを相対的に表しています。分散ひび割れモデルの場合，ひび割れ図がひび割れの本数を表していると誤解しやすいので注意して下さい。表示されているひび割れの間隔は要素の間隔を表しているだけで，実際に何本のひび割れが生じているのかは分かりません。

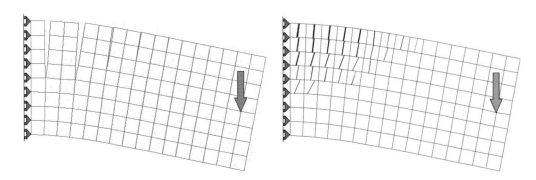

図 3.32　ひび割れモデルの違いによる表現方法の比較（左：離散型　右：分散型）

(3) 固定ひび割れモデルと回転ひび割れモデル

　分散ひび割れモデルには, ひび割れの方向を固定する固定ひび割れモデル（図 3.33(a)）と, ひび割れの方向を主ひずみ方向と一致するように常に変化させる回転ひび割れモデル（図 3.33(b)）[3,4] があります。前者の固定ひび割れモデルではひび割れが生じるとその方向は変化しません。一方, 後者の回転ひび割れモデルでは, 荷重の方向が変わったり, 応力の再配分が生じたりすると, ひび割れの方向が徐々に回転していきます。

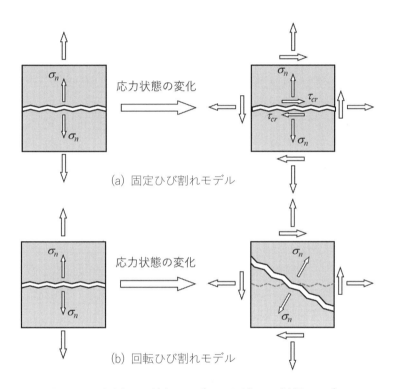

図 3.33　固定ひび割れモデルと回転ひび割れモデル

　固定ひび割れモデルではひび割れ後のせん断剛性を定義しておくことで, ひび割れの方向に沿ってせん断力が生じます。これは実際の現象としてひび割れ面がずれることで凹凸が接触してせん断力が伝達されることに対応しています。ひび割れ発生後にひび割れ幅が拡大するだけであればせん断力の伝達は行われませんが, ひび割れ面がずれる動きをする場合の解析ではひび割れ後のせん断伝達を考慮する必要があります。例えば以下のような場合です。

a. 地震力を受ける柱

圧縮の軸力を受けている状態で正負交番せん断力を受けると主応力方向が変化します。

b. 地震力を受ける梁

主筋量とあばら筋量が異なるため，せん断ひび割れ発生後に主ひずみ方向が変化します。

c. 地震力を受ける耐震壁

面内せん断力を受けてひび割れが進展すると，応力再配分によって主方向が変化します。

一方，ひび割れ面がほとんどずれないのは以下のような場合です。

d. 鉛直荷重のみを受ける小梁の中央部あるいは端部に生じる曲げひび割れ

e. 鉛直荷重を受ける片持ちスラブの付け根部分に生じる曲げひび割れ

f. 内側から圧力を受けるタンクやサイロなどの容器状構造物に生じるひび割れ

　固定ひび割れモデルではひび割れ後のせん断剛性をどのように定義するかによって解析結果が変わります。これについては4章で詳しく説明します。回転ひび割れモデルではひび割れ後のせん断剛性を定義する必要はありませんが，ひび割れの方向が連続的に変化するという点が実現象とは異なっていることに注意して下さい。一方向に単調に増加する荷重を受けて，ひび割れの方向があまり変化しない場合は回転ひび割れモデルでも良いのですが，地震時のような正負繰返し荷重に対する解析に適用した場合，回転ひび割れモデルではひび割れの方向が実際とは異なることがあります。

(4) 直交ひび割れモデルと非直交ひび割れモデル

　固定ひび割れモデルには互いに直交するひび割れのみを表現するものと，直交しないひび割れ（非直交ひび割れ）も表現できるもの[3.5),3.6)]があります。図3.34に非直交ひび割れが生じる例を示します。鉛直方向に一定の圧縮力あるいは引張力を受けた状態でせん断力を受けると，最初に生じたひび割れの方向と，その後の主応力方向は一致しなくなるため，後続のひび割れは最初のひび割れとは直交しなくなります。この現象は図3.35に示す写真のように構造実験や地震で被災した建物でも確認されています。

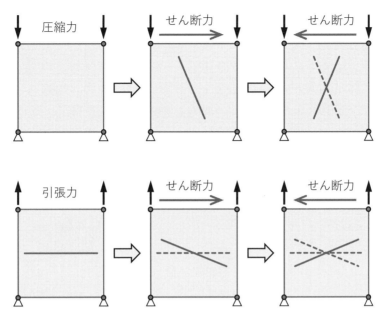

図 3.34　非直交ひび割れが生じる例（上：圧縮力＋せん断力　下：引張力＋せん断力）

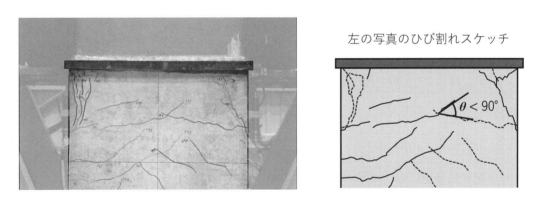

図 3.35　鉄筋コンクリート柱の実験で生じた非直交ひび割れ

　三次元モデルでコンクリートを六面体要素によって表現する場合の非直交ひび割れの概念を図 3.36 に示します[3.6]。一つのひび割れ軸は最大で互いに直交する 3 方向のひび割れを表現することができます。最初に生じたひび割れと直交しない方向にひび割れが生じた場合は 2 つ目のひび割れ軸が導入され，さらにそのどちらとも直交しない方向にひび割れが生じると 3 つ目のひび割れ軸が導入されます。このようにして最大で 9 方向のひび割れが表現できることになりますが，実際には同じ場所にそれほど多くのひび割れが生じることはありません。ただし，図 3.35 に示すように，ひび割れの角度自体はさま

48

ざまの方向に向きます。直交ひび割れしか表現できないひび割れモデルを用いると，地震時のような正負繰返し荷重に対する解析では，正方向の荷重と負方向の荷重でひび割れの方向が対称にはならないことがあります。その結果，履歴ループの形状が非対称となり，最大荷重も正方向と負方向で差を生じることがあります。実際には破壊する前であれば正と負で同様の挙動を示すのが一般的ですので，直交ひび割れモデルを用いて解析できるのは実際のひび割れ方向が直交に近い場合に限られます。

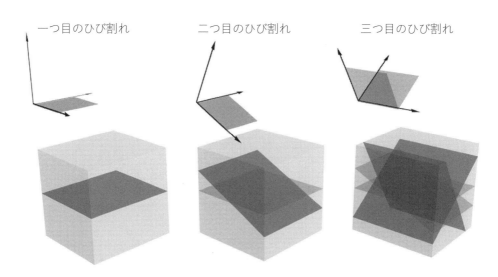

図 3.36　六面体要素の非直交ひび割れモデル

(5) 疑似離散型ひび割れモデル

　ひび割れ幅（開口幅）はコンクリートの損傷の重要な指標の一つです。分散ひび割れモデルでひび割れ幅を求める方法には，主引張ひずみにひび割れ間隔の推定値を乗じて求める簡易法[3.7]とコンクリートと鉄筋の付着構成則を用いた精算法[3.8,3.9]があります。後者は疑似離散型ひび割れモデルと呼ばれるもので，分散ひび割れモデルでひび割れの判定と応力の再配分を付着応力の分布を考慮して行うことで，ひび割れの進展過程を詳細に表現できる上，鉄筋の応力分布もより現実に即したものになります。図 3.37 は鉄筋コンクリート梁にせん断力を正負繰返しで載荷した解析結果のひび割れ分布と主筋の応力分布です。一般的な分散ひび割れモデルではひび割れが多くの要素に生じていますが，疑似離散型ひび割れモデルではひび割れの位置が明確に特定されています。疑似離散型ひび割れモデルの詳細は付録 9 を参照して下さい。

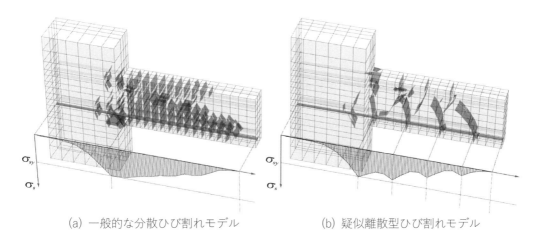

(a) 一般的な分散ひび割れモデル　　　　(b) 疑似離散型ひび割れモデル

図 3.37　正負繰返しせん断力を受ける梁のひび割れ分布と主筋の応力分布

参考文献

3.1)　長沼一洋：鉄筋コンクリート壁状構造物の非線形解析手法に関する研究（その 2）鉄筋コンクリート耐震壁の非線形解析手法と適用性，日本建築学会構造系論文報告集，第 431 号，pp.7-16,1992.1

3.2)　Ngo, D. and Scordelis, A.C.: Finite Element Analysis of Reinforced Concrete Beams, ACI Journal, Vol. 64, No.3, pp. 152-163, 1967.

3.3)　Rashid, Y.R.: Ultimate Strength Analaysis of Prestressed Concrete Pressure Vessels, Nuclear Engineering and Design, Vol.7, No.4, pp.334-344, 1968.

3.4)　Rots, J. G.: Computational modeling of concrete fracture, Dissertation, Delt University of Technology, 1988.

3.5)　前川宏一，福浦尚之：疑似直交 2 方向ひび割れを有する平面 RC 要素の空間平均化構成モデルの再構築，土木学会論文集，No.634, V-45, pp.157-176, 1999.11

3.6)　長沼一洋，米澤健次，他：RC 構造部材の三次元繰返し FEM 解析の精度向上（その 1), (その 2), 日本建築学会大会学術講演梗概集，構造Ⅳ, pp.37-40, 2001.9

3.7)　Sato, Y. and Vecchio, F. J.: Tension Stiffening and Crack Formation in Concrete Members with Fiber-Reinforced Polymer Sheets, Journal of Structural Engineering, ASCE, Vol.129, Issue 6, pp.717-724, 2003.

3.8)　Sato, Y. and Naganuma, K.: Discrete-Like Crack Simulation of Reinforced Concrete Incorporated with Analytical Solution of Cyclic Bond Model, Journal of Structural Engineering, ASCE, Vol.140, Issue 3, 2014; DOI: 10.1061/(ASCE)ST.1943-541X.0000864.

3.9)　佐藤裕一，長沼一洋：分散ひび割れモデルによる鉄筋コンクリートのひび割れ幅の予測，構造工学論文集, Vol.61B, pp.111-124, 2015.3

~~~~~~

よもやま話（その３）〜８倍のミステリー

　大学で卒業研究に取り組んでいた時，研究室の先輩が行っていた鉄筋コンクリート梁の解析結果がどうも変だということで，その原因調査の手伝いをすることになりました。解析結果は弾性範囲にも関わらず，変形が理論値の約８倍と大きくなっていました。おそらく入力データにミスがあるのだろうということで，何人かで手分けして調べることにしました。節点番号，節点座標，要素を構成する節点の指定順序，要素の厚さ，コンクリートのヤング係数，鉄筋のヤング係数，節点荷重の大きさなど，全てのデータをチェックしました。その結果，いくつか細かなミスは見つかったものの，解析し直してもやはり変形は８倍になりました。

　結局，原因が分からないまま，この解析は要素分割図，入力データと共にお蔵入りとなりました。今から思えば，当時のコンピュータは現在より計算精度が低かったため，桁落ちが生じていたのではないかと思います。内部記憶容量（メモリー）が小さかったこともあり，変数は４バイトの単精度型が標準で実数の有効数字は７桁位しかありません。これでは剛性方程式を解く際の加減算が正しく行われないこともあり得ます。その後，計算機の記憶容量が拡張されたため，剛性方程式を解く部分だけは８バイトの倍精度型実数にすることで計算の精度は向上しました。現在では全ての実数を８バイトの倍精度型実数として計算するのが普通です。記憶容量も飛躍的に大きくなり，節点数を気にしながら要素分割をすることもほとんどなくなりました。

~~~~~~

4章 材料特性の与え方

　コンクリート構造を対象として材料非線形解析を行う場合，材料特性の与え方が解析の精度を決めると言っても過言ではありません。コンクリートのみで構築される構造物は少なく，一般的には鉄筋や鋼板などの鋼材との混合構造になるので，構成材料であるコンクリートと鋼材の基本的な力学特性を表現できる材料モデル（材料構成則）が必要です。それに加えて，コンクリートと鋼材の相互作用による特性を考慮できることが重要になります。例えば，鉄筋とコンクリート間に作用する付着応力や，付着が劣化することにより生じる相対すべりは，鉄筋コンクリート構造の変形量や地震時の履歴性状に大きな影響を及ぼすことがあるので，それらを解析で適切に考慮する必要があります。また，耐震壁のように面内せん断力を受け，コンクリートのひび割れが鉄筋と斜めに交差するように生じると，ひび割れに平行な方向のコンクリートの圧縮強度や剛性が低下する現象が現れるため，配筋状況や荷重条件によっては，この現象を考慮する必要があります。本章では材料特性の与え方，材料モデルの選択と設定方法について具体的に説明します。

コンクリートの引張特性の与え方

　コンクリートの応力～ひずみ関係のイメージを図 4.1 に示します。コンクリートは引張と圧縮で力学的な性質が大きく異なります。引張に対しては弱い材料で，一般的なコンクリートでは 2～3 N/mm² 程度の応力でひび割れが生じます。

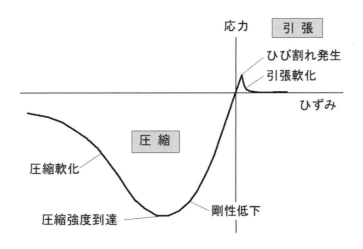

図4.1　コンクリートの応力～ひずみ関係

　ひび割れはコンクリートの最大主応力が引張強度に達した時に生じると考えられます。ひび割れ発生までは線形弾性に近い挙動を示し，ひび割れ後は応力が急激に低下します。最も簡単なモデルは引張強度までは線形，その後は剛性と応力を零とするもので，テンション・カットオフ（tension cut-off）と呼ばれます（図 4.2）。

　引張強度はコンクリートシリンダーの割裂試験から得られますが，シリンダーの圧縮強度から推測する予測式も提案されています。以下はその一例[4.1]です。

$$\text{コンクリートの引張強度 } f_t = 0.291 \times {f'_c}^{0.637} \quad （単位：N/mm^2） \tag{4.1}$$

　実際には，ひび割れ発生前から剛性低下が始まり，ひび割れ幅の拡大に伴って応力が低下する軟化域が存在します。図 4.3 に示すように軟化域の曲線で囲まれる面積がコンクリートの破壊エネルギーと定義されています。破壊エネルギーの大きさはおよそ 0.15 N/mm 前後ですが，コンクリートの種類や調合の違いなどにより異なります。

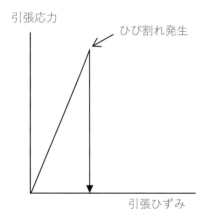

図 4.2 テンション・カット・オフ

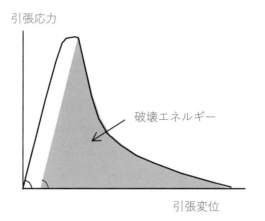

図 4.3 コンクリートの引張特性

　なお，鉄筋がある場合は付着の効果によりコンクリートの平均引張応力～平均ひずみ関係は軟化特性を示しますが，これは引張硬化（テンションスティフニング；tension-stiffening）と呼ばれ，コンクリート材料単体の特性ではありません。これについては後で詳しく述べます。

　ひび割れ後の引張軟化域に関しては多くのモデルが提案されており，図 4.4 に示すように 2 折線で表現するものが良く用いられます。

　コンクリートの引張軟化特性の違いは，無筋あるいは鉄筋が少ない構造物の解析では結果に及ぼす影響が大きく，特に，ひび割れの進展度合いに差が生じます。また，部材のサイズが異なるとひび割れ発生荷重や最大強度が断面積に比例しなくなる現象は寸法効果（scale effect）と呼ばれており，大きな断面になるほど，強度は下がる傾向があることが分かっています。このような現象はコンクリートの引張軟化域を破壊エネルギーに基づいてモデル化することで，ある程度再現可能です。圧縮に関しても同様に軟化域のモデル化は解析結果に影響を及ぼします。

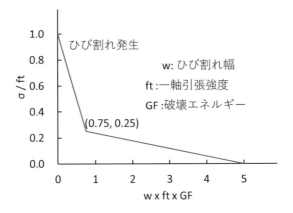

図4.4　引張軟化特性の例（土木学会コンクリート標準示方書[4.2]より）

　図 4.4 に示す引張軟化特性の横軸はひび割れ後の引張変位，つまりひび割れ幅が基準となっており，離散ひび割れモデルには適用できますが，分散ひび割れモデルにはこのままでは適用できません。多くの解析プログラムでは破壊エネルギーの値を入力すれば，プログラムの内部で分散ひび割れモデルに適用できるように引張応力とひずみの関係に変換しています。解析プログラムによっては想定ひび割れ間隔を指定できるものもあります。具体的には要素にひび割れが生じたら，ひび割れ直交方向のひずみに想定ひび割れ間隔を乗じてひび割れ幅に換算しています。想定ひび割れ間隔の指定機能がない場合，プログラムの内部では要素の代表長さで代用しているものが多く，四辺形要素であれば要素の面積と等しい円の直径や正方形の辺の長さとする方法，六面体要素であれば体積が等しい球の直径や立方体の辺の長さとする方法などがありますが，どれも便宜的な仮定です。鉄筋コンクリートに生じるひび割れの間隔は，鉄筋の間隔が狭いものほど，またコンクリート強度が高いものほど，小さくなる傾向があり，さらに，荷重の増大に伴ってひび割れの本数も増えるため，ひび割れの間隔を想定するのは難しい面があります。一般的な鉄筋コンクリート構造であればコンクリートの引張軟化特性の影響は小さいの

で考慮せず，むしろ，本章で後述するテンションスティフニング特性を適切に考慮することが大切です。

コンクリートの圧縮特性の与え方

　コンクリートは圧縮に対しては強い材料ですが，応力の上昇に伴って剛性は低下します。一軸圧縮強度が 100 N/mm² を超えるような超高強度コンクリートでは強度到達まで応力〜ひずみ曲線がほぼ線形に近くなる傾向があります。図 4.5 (a)に一軸圧縮強度の違いによる応力〜ひずみ曲線の比較を示します。強度到達後の圧縮軟化域の勾配は強度が低いものでは緩やかですが，強度が高くなると急激に応力が低下するのが特徴です。

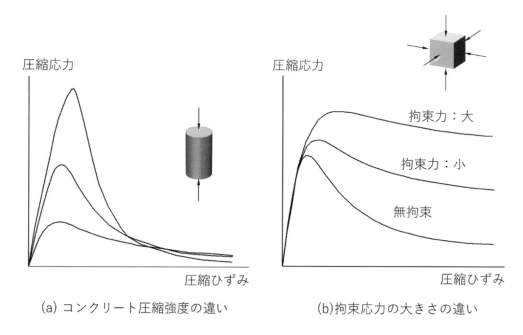

(a) コンクリート圧縮強度の違い　　　(b)拘束応力の大きさの違い

図4.5　コンクリートの圧縮特性

　さらに，コンクリートの圧縮強度は圧縮と直交する方向に作用する圧縮力（拘束力）の影響を受けて強度と変形性能が向上します。図 4.5 (b)は拘束力の違いが応力〜ひずみ曲線に及ぼす影響を示したものです。一軸圧縮強度の違いによる応力〜ひずみ曲線とはかなり異なる特性を示すことが分かると思います。

　解析ではこのようなコンクリートの圧縮特性を適切に考慮する必要があります。付録2 にその一例を紹介しておきます。コンクリートの圧縮試験の結果が分かっている場合は，解析プログラムが仮定している圧縮応力～ひずみ曲線とどの程度対応しているかを確認することが大切です。その場合は一つの四辺形要素の底辺を固定し，縦方向に圧縮力または強制変位を与えて，荷重と上辺の節点変位から応力～ひずみ関係を求めれば良いです。注意して欲しいことは，底辺の 2 つの節点の横方向の変位を拘束してしまうと一軸応力状態ではなくなってしまいますから，ポアソン比を零とするか，あるいは底辺の 2 つの節点のどちらかは横方向の変位を拘束しないようにすれば良いです。

　コンクリートは引張軟化域と同様に圧縮軟化域の形状も破壊エネルギーにより決定されると考えるのが自然です。ただし，引張の場合，ひび割れという局所的な破壊域の拡大をひび割れ幅として測定できるのに対して，圧縮の場合は破壊領域の長さが明確に測定できません。Nakamura ら [4.3] は断面形状と長さが異なるコンクリート柱の圧縮試験を行い，破壊域の長さはおよそ 200～300 mm で，骨材寸法とコンクリート強度の影響を受けることを示しており，圧縮軟化域の破壊エネルギーの大きさをコンクリート強度の関数として推定する式を提案しています。解析プログラムによってはコンクリートの圧縮軟化域を Nakamura らによる破壊エネルギーによって定義できるものもありますが，一般にはコンクリートの圧縮軟化域は応力とひずみの関係を指定するものが多く，その場合はコンクリート強度の違いや拘束応力の影響が考慮できるモデルが推奨されます。

コンクリートの破壊基準の選び方

　組合せ応力下において材料が破壊する時の条件を応力成分や主応力で記述したものを破壊基準あるいは破壊条件と呼びます。コンクリートは引張に対しては圧縮強度の 1/10 程度の応力でひび割れを生じ，直交方向に圧縮力が作用している場合には，さらに低い引張応力でひび割れが生じます。直交方向にも引張を受ける場合，その影響はあまり大きくなく，一軸引張強度に近い強度が得られます。一方，圧縮と直交する方向に拘束された状態では非常に大きな圧縮強度を示します。例えば平面応力下で直交する二軸方向に圧縮力を与えると一軸圧縮強度の 1.2～1.3 倍，さらに，直交する三軸方向に圧縮力を与えると一軸圧縮強度の 10 倍以上の強度を示します。

　平面応力下（二軸応力下）では以下に示す Kupfer-Gerstle の提案式 [4.4] が代表的です。

　主応力が共に圧縮となる二軸圧縮下での破壊条件は次式で与えられます。

$$\left(\frac{\sigma_1}{f'_c} + \frac{\sigma_1}{f'_c}\right)^2 - \frac{\sigma_2}{f'_c} - 3.65\frac{\sigma_1}{f'_c} = 0 \tag{4.2}$$

$\sigma_1,\ \sigma_2$：主応力（$|\sigma_1| \leqq |\sigma_2|$）

f'_c：一軸圧縮強度

　一方向引張－他方向圧縮状態での破壊条件は，圧縮応力の大きさに応じて引張強度が低下する次式で与えられます。

$$\frac{\sigma_1}{f_t} = 1.0 - 0.8\frac{\sigma_2}{f'_c} \ (\geq 0) \tag{4.3}$$

f_t：一軸引張強度

　二軸引張下では最大主応力が一軸引張強度に達するとひび割れが発生するものとします。

$$\max(\sigma_1, \sigma_2) \geqq f_t \tag{4.4}$$

　以上の条件を，主応力を縦軸と横軸とした平面上に描いたものを破壊曲面と呼びます。図 4.6 に Kupfer-Gerstle の提案式と既往の実験結果を示します。二軸圧縮下で最も大きな強度を示すのは二つの応力比が 1:0.5 の場合で，一軸圧縮強度の 1.2〜1.3 倍程度になることが分かります。

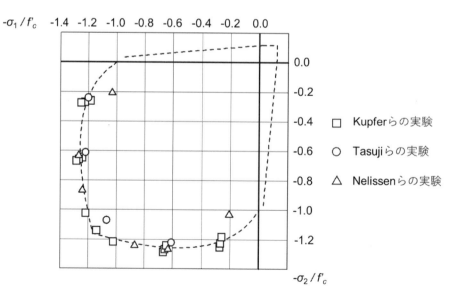

図 4.6 Kupfer-Gerstle の二軸応力下の破壊条件 [4.4]

　圧縮強度時のひずみ σ_P に関しては，以下に示す Darwin-Pecknold の提案式 [4.5)] が実験との対応性が良いことが示されています [4.6)]。

$|\sigma_P| \geqq |f'_c|$ の時

$$\varepsilon_P = \varepsilon_B \left(3.15 \frac{\sigma_P}{f'_c} - 2.15 \right) \tag{4.5}$$

$|\sigma_P| < |f'_c|$ の時

$$\varepsilon_P = \varepsilon_c - 1.6 \left(\frac{\sigma_P}{f'_c} \right)^3 + 2.25 \left(\frac{\sigma_P}{f'_c} \right)^2 + 0.35 \frac{\sigma_P}{f'_c} \tag{4.6}$$

　　ε_c：一軸圧縮強度時のひずみ

　　f'_c：圧縮強度

　平面応力下（二軸応力下）では上記の Kupfer-Gerstle の提案式と Darwin-Pecknold の提案式を用いることを推奨します。

　三軸圧縮応力下では拘束力の僅かな変化で強度が大きく変動し，実験条件や載荷装置の影響も受けやすいことが分かっています。これまでに実験データは数多く得られていますが，ばらつきが大きいのが特徴です。三軸応力下の破壊条件も数多く提案されていますが，根拠となる実験条件が異なるため，拘束度の大小に関わらず精度の良い破壊基準は今のところ確立されていません。

　付録 3 に様々な応力条件下で比較的良好に実験結果を再現できる Ottosen の破壊基準 [4.7)] と Willam-Warnke の破壊基準 [4.8)] を紹介しておきます。鉄筋コンクリートの柱や梁のように鉄筋による拘束度が大きくない場合は Ottosen の破壊基準，CFT 構造のように鋼管によるコンクリートの拘束度が大きい場合には Willam-Warnke の破壊基準の適用性が良いことが分かっています。

テンションスティフニング特性の与え方

　コンクリート部材に埋め込んだ鉄筋を引っ張るとコンクリートにはひび割れが生じます。この時の引張力と変形量の関係は図 4.7 に示すように，ひび割れ発生後に直ちに鉄筋のみの剛性になるのではなく，徐々に鉄筋剛性に近づきます。これは鉄筋とコンクリ

ートの付着により，鉄筋からコンクリートに引張力が伝達され，ひび割れていない部分のコンクリートが引張力を負担するためです。この特性をテンションスティフニング（tension stiffening），あるいは引張硬化と呼びます。

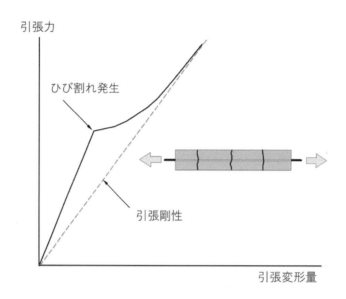

図 4.7　引張を受ける鉄筋コンクリート部材の荷重−変形関係

　離散型のひび割れを用いた解析では，鉄筋とコンクリートの間に付着すべりを考慮できる接合要素を挿入することで，実際と同様のひび割れ性状を再現し，ひび割れ間のコンクリートに引張応力が生じる現象を表現することができます。一方，分散型のひび割れを用いる場合は，コンクリートには一様にひび割れが生じることになり，ひび割れ発生後に直ちに応力を零とすると，引張応力の分担を考慮することができません。そこで，コンクリートの引張応力−ひずみ関係において，ひび割れ発生後に応力が徐々に低下する軟化域を設けることで，ひび割れを含むコンクリートの引張応力分担を平均的に表現することができます。

　テンションスティフニング特性は鉄筋径，配筋状況，コンクリート強度など，多くの因子の影響を受けると考えられており，これまでに様々なモデルが提案されています。

　ここでは一例として出雲らのモデル [4.9)] を紹介します。このモデルは次式に示す簡便な形で表現されており，係数 c の値によって特性を変化させることができます。

$$\sigma = \left(\frac{\varepsilon_t}{\varepsilon}\right)^c f_t \tag{4.7}$$

σ：応力

f_t：コンクリートの引張強度

ε：ひずみ

ε_t：引張強度時のひずみ（ひび割れ発生時のひずみ）

c：係数

　本モデルで係数 c の値を変化させた場合の特性を図 4.8 に示します。係数 c の値を小さくする程，コンクリートの引張負担を大きく見込むことになります。

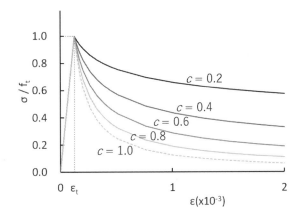

図 4.8　出雲らのテンションスティフニングモデル[4.9]

　他のモデルとして，付録 4 にコンクリートの一軸圧縮強度，鉄筋比，ひび割れ方向のコンクリートの剛性低下の度合いを考慮したテンションスティフニング特性のモデル[4.10]を紹介しておきます。

　テンションスティフニング特性と破壊エネルギーにより規定されるコンクリートの引張軟化特性は同時に考慮できますが，両者によるコンクリートの引張応力は加算できるものではないことに注意して下さい。また，テンションスティフニング特性は鉄筋があることが前提ですので，スラブや壁のように鉄筋が一定の間隔で配筋されている場合に有効です。鉄筋間隔が広く，無筋に近い領域が多い部材の解析でテンションスティフニング特性を一律に与えてしまうとコンクリートの引張負担を過剰に見込んでしまうので

注意して下さい。付着力の影響範囲は鉄筋径の約 7.5 倍程度までと考えられていますから，その範囲内にあるコンクリートには適用可能と言えます。

　テンションスティフニング特性の違いはひび割れ発生後の変形量に影響を及ぼしますが，最大耐力や破壊形式に大きな影響を及ぼすものではありません。しかし，あまり緩やかな軟化域を設定するとコンクリートが引張力を多く負担することになり，鉄筋の降伏が実際より遅れることになります。実際にはひび割れ部では鉄筋のみで引張力に抵抗していますので，鉄筋を埋込み型でモデル化した場合は，要素のひずみから求められる鉄筋の応力よりテンションスティフニングによるコンクリートの引張負担分を差し引くことで，ひび割れ部の鉄筋の応力を求め，降伏を判定する手法も提案されています[4.11)]。

ひび割れを生じたコンクリートの圧縮劣化特性の考慮

　鉄筋コンクリート壁が地震力のような面内せん断力を受けると，図 4.9 に示すように斜めひび割れが生じ，以後は縦横の鉄筋の引張力と，コンクリートの斜め圧縮力によって抵抗するメカニズムを形成します。この場合，ひび割れに平行なコンクリートの圧縮強度はシリンダーの圧縮試験で得られる一軸圧縮強度よりかなり小さくなります。この現象はデンマーク工科大学の Nielsen による鉄筋コンクリート梁のせん断加力実験[4.12)]やトロント大学の Collins らの鉄筋コンクリート平板の面内せん断加力実験[4.13)]によって明らかにされました。解析においては，この特性を適切に考慮しないと耐震壁の最大強度を過大評価してしまいます。

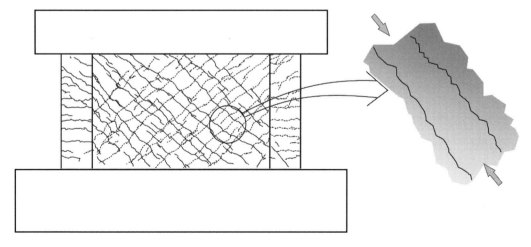

図 4.9　面内せん断力を受ける鉄筋コンクリート壁のひび割れと斜め圧縮力

　ひび割れ発生後のコンクリートの圧縮劣化は，ひび割れ幅やひび割れ直交方向の平均引張ひずみが大きくなるほど顕著となり，コンクリートの圧縮強度の低下率を平均引張ひずみの関数として与える式が数多く提案されています[例えば 4.14]。さらに，コンクリート一軸圧縮強度が高いものほど，ひび割れ後の圧縮強度の低下が大きくなることも分かっており，平均引張ひずみだけで圧縮強度の低下率を適切に評価することには無理があります。

　コンクリートがひび割れ後に圧縮劣化を生じる原因はいくつかあります。まず，ひび割れが生じるまでの間にコンクリートの内部に微細な損傷が生じており，それが圧縮特性に影響を及ぼしている可能性があります。そして，図 4.10 に示すようにコンクリート内に剛性が大きな鉄筋があることによって，鉄筋の近傍でコンクリートの応力が局部的に大きくなり，ポアソン効果によって圧縮と直交方向に引張ひずみが生じることで圧縮特性が劣化します。さらに，ひび割れ面を鉄筋が斜めに横切る場合，図 4.11 に示すようにひび割れが開く際に鉄筋からコンクリートに支圧力が作用することで，コンクリートに損傷が生じます。このような現象は鉄筋が縦横に格子状に配筋された板状のコンクリートが面内せん断力を受けて鉄筋と斜めに交差するひび割れが生じる場合に顕著になります。地震時に面内せん断力を受ける耐震壁がそれに相当しますが，偏心がある建物の床スラブも面内せん断力を負担するので同様の現象が起こります。

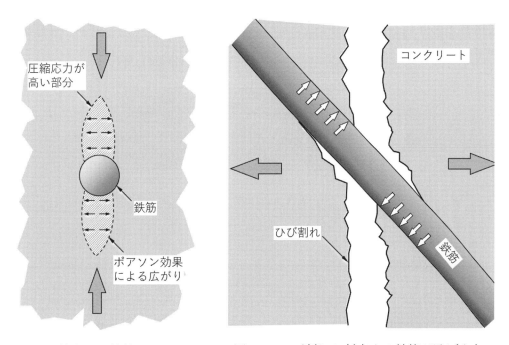

図 4.10　圧縮力下の鉄筋コンクリート　　図 4.11　ひび割れと斜交する鉄筋が及ぼす力

　また梁や柱においても，せん断ひび割れは肋筋や帯筋と斜めに交差するため，ある程度はコンクリートの圧縮特性が劣化するものの，肋筋や帯筋による拘束効果による強度上昇もあるため，あまり劣化しないとも考えられます。なお，圧縮劣化の度合はコンクリート強度が高いものほど大きくなることが実験で確認されています [4.12),4.15)]。

　付録5に鉄筋コンクリート平板の面内せん断加力実験に基づいて，ひび割れ発生後のコンクリートの圧縮強度の低下を一軸圧縮強度，作用圧縮軸応力，および鉄筋量の関数で表現した提案式 [4.16)] を紹介しておきます。

ひび割れを生じたコンクリートのせん断伝達特性の考慮

　コンクリートにひび割れが生じた後に応力再配分が起こったり，荷重の方向が変わったりすることで，ひび割れが開くだけでなく，ずれるような変位が生じ，ひび割れに沿ってせん断力が伝達されます（図4.12）。この現象を考慮するために，これまでに数多くのモデルが提案されています。最も簡単なものは，ひび割れ後のせん断剛性を弾性時の剛性から一定の低減率で低下させるものですが，実際にはひび割れ後のせん断剛性は，ひび割れ幅，ひび割れ面のずれ変位，コンクリート強度などの影響を受けるため，一定の剛性低減率では実際の挙動を精度良く表現できません。以下にひび割れ後のせん断伝達特性のモデル化の例を紹介します。

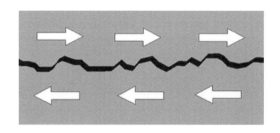

図4.12　ひび割れ面におけるせん断力の伝達

(1) 山田・青柳のモデル [4.17)]

　鉄筋コンクリート板に面内力を載荷した実験に基づいて，ひび割れ面に作用するせん断応力とひび割れ面の相対ずれ変位より，ひび割れ面のせん断剛性 K_{IST} を次式で表しています。

$$K_{IST} = \frac{3.53}{w_m} \text{ (単位 } N/mm^2/mm)\tag{4.8}$$

$$w_m = \varepsilon_t \cdot L\tag{4.9}$$

w_m：平均ひび割れ幅

ε_t：ひび割れ直交方向の垂直ひずみ

L：平均ひび割れ間隔

　式(4.8)はひび割れ面のせん断剛性を与えていますので，ひび割れ後のせん断剛性 G_{cr} は ひび割れ直交方向の垂直ひずみ ε_t の関数となり，次式で表されます（図4.13）。

$$G_{cr} = K_{IST} \cdot L = \frac{3.53}{\varepsilon_t} \text{ (単位 } N/mm^2)\tag{4.10}$$

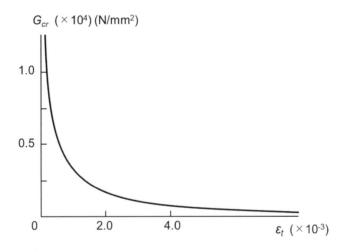

図 4.13　山田・青柳によるひび割れ後のせん断剛性－引張ひずみ関係 [4.17)]

(2) Al-Mahaidi のモデル [4.18)]

　鉄筋コンクリートのひび割れ面にせん断力を与えた既往の多くの実験結果を整理して， ひび割れ後のせん断剛性 G_{cr} をひび割れ面に直交する方向の引張ひずみの関数として次 式で表現しています（図4.14）。

$$G_{cr} = \frac{0.4\varepsilon_{cr}}{\varepsilon_t} G_o\tag{4.11}$$

ε_{cr}：ひび割れ発生時のひずみ

ε_t：ひび割れ直交方向の引張ひずみ

G_o：弾性せん断剛性

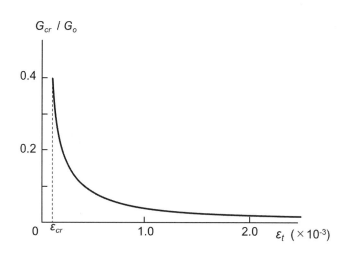

図 4.14 Al-Mahaidi によるひび割れ後のせん断剛性－引張ひずみ関係 [4.18)]

　ひび割れ後のせん断伝達はひび割れ面が相対的にずれるような動きを生じる場合の解析において考慮する必要があります。片持ちスラブが鉛直荷重を受けてたわむ場合，ひび割れは開くだけで，ひび割れ面がずれることはありませんから，ひび割れ後のせん断伝達を考慮しなくても良いでしょう。しかし，柱や梁，耐震壁などの部材が外力を受けてひび割れを生じた場合，応力の再配分や，互いに直交する方向の配筋量の違いなどにより，ひび割れ面がずれるような動きをしますので，ひび割れ後のせん断伝達を考慮する必要があります。鉄筋コンクリートにおけるひび割れ面のせん断伝達特性は鉄筋比，鉄筋の降伏点，そして，コンクリート強度が高いものほど良好になることが分かっています。付録 7 にそれらの影響を考慮したモデルの例 [4.16)]を紹介しておきます。

　これらのモデルは分散型のひび割れに適用しやすいものですが，ひび割れ面を横切る鉄筋がある実験から得られていますので，鉄筋の影響を含んでいます。実際にはひび割れ面がずれることにより，鉄筋には材軸と直交する方向に力が作用します。それに対して鉄筋は木材の接合に用いるダボのように抵抗します（図 4.15）。前節の図 4.11 のひび割れを斜めに横切る鉄筋による支圧力と基本的に同じ現象ですが，ひび割れとほぼ直交

する比較的太径の主筋において生じる場合を特にダボ作用（dowel action）と呼びます。この現象を忠実に解析で再現するためには，離散型のひび割れにより鉄筋は梁要素でモデル化する必要があります。しかし，その場合はひび割れ面の近傍におけるコンクリートの局所的な破壊を伴う挙動や，ひび割れ部への鉄筋の抜け出しを考慮しなければならず，細かな要素分割が求められます。

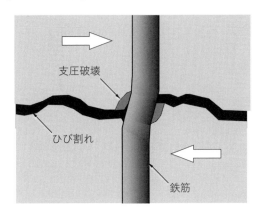

図4.15 ひび割れを横切る鉄筋のダボ作用のイメージ

　さらに，ひび割れがずれることにより，ひび割れ面の凹凸が接触してひび割れ直交方向に圧縮力が生じ，ひび割れ幅をさらに開かせる方向に作用します。これはせん断変形に伴う見かけの体積膨張に相当し，ダイラタンシー（dilatancy）と呼ばれます。ひび割れ面の近傍の応力状態を詳細に把握するためには鉄筋のダボ作用やダイラタンシーの影響を考慮する必要がありますが，モデル化が難しいため，部材や構造物を対象とした解析では一般には考慮されていません。

鋼材の応力〜ひずみ関係の与え方

　鉄筋の引張試験を行うと応力〜ひずみ関係は図4.16のような特性を示します。強度の高い鉄筋やPC鋼材などは明瞭な降伏点が現れず，破断時のひずみが小さくなります。解析を行う場合，降伏までは線形弾性，その後の塑性変形域は一定の剛性で表現するバイリニア（bilinear）型とするのが一般的です（図4.17）。高強度鉄筋や細径の鉄筋などで降伏点が明瞭ではない場合は図4.18に示すように多点折線で与えた方が良いでしょう。降伏棚とその後のひずみ硬化特性を多点折線などで，より忠実に表現する方法もありますが，ひずみ硬化域を含めて弾性剛性の1/100程度の剛性とするのが一般的です。

66

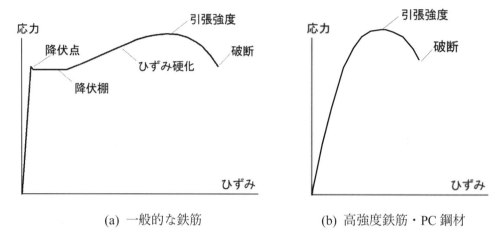

(a) 一般的な鉄筋　　　　　　　(b) 高強度鉄筋・PC 鋼材

図 4.16　鉄筋の引張応力〜ひずみ関係のイメージ

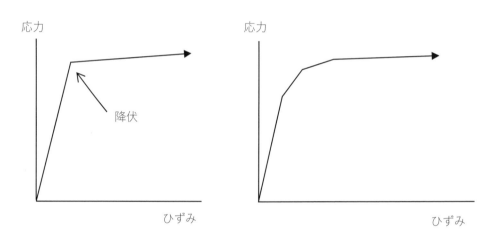

図 4.17　鋼材のバイリニアモデル　　　図 4.18　鋼材の多点折線モデル

　鉄筋が引張強度に達すると応力は低下し，破断に至りますが，あまりこの領域までの
モデル化は行われていません。その理由は，鋼材の破断ひずみは 20〜30%と大きく，コ
ンクリート系の部材や構造物ではそこまで大きな変形能力がなく，それ以前にコンクリ
ートの破壊が生じてしまうからです。もし，コンクリートが破壊しなくても，鋼材の破
断による応力の解放は過大な不釣合い力となって作用するため，応力の再配分が難しく，
解析不能に陥りやすいです。

　鉄筋は圧縮に対しても引張と同じ特性を示しますが，バウシンガー（Bauschinger）効果により引張側でひずみ硬化した後に逆方向に載荷すると圧縮側の降伏点は低下します（図4.19）。

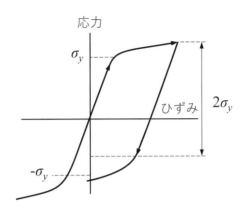

図 4.19　鋼材のバウシンガー効果による降伏点の低下

　また，座屈を生じる場合は曲げを伴う複雑な挙動を示します。鉄筋をトラス要素でモデル化した場合は曲げ剛性を有していませんので，座屈現象を表現することはできません。鉄筋を梁要素でモデル化すれば座屈を表現することは可能ですが，鉄筋周辺のコンクリートのひび割れや局部的な圧壊が表現できるように，要素分割をかなり細かくする必要があります。さらに座屈は塑性化を伴いますので，鉄筋自体も梁要素ではなく立体要素で断面をある程度細かく分割する必要があり，かなり難しい解析になります。そこで，圧縮応力〜ひずみ関係上で座屈による応力低下を考慮する方法もありますが，座屈開始時のひずみや座屈後の応力低下の度合いは鉄筋の太さや配筋状態によって変わりますので，実験データを参考にするなどして決定する必要があります。そこで，配筋条件から鉄筋の座屈開始点や座屈後の圧縮応力の低下を応力〜ひずみ関係に反映する方法[4.19]も考案されています。

　鋼材の繰返し応力下の特性は，除荷と再載荷時の剛性を弾性剛性とする方法（図4.20）と曲線でモデル化する方法（図4.21）があります。あまり大きな塑性ひずみを生じない場合はどちらのモデルでも差は少ないのですが，大きな変形レベルで正負繰返し載荷を行うと履歴ループの形状に差が現れてきます。鋼材のひずみが 1%を超えるような領域での繰返し載荷の解析では曲線モデルの方が実際の挙動の再現には適しています。

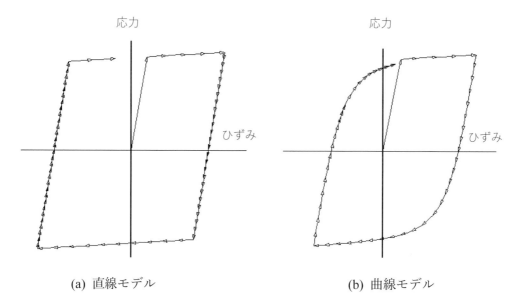

(a) 直線モデル   (b) 曲線モデル

図 4.20 鋼材の繰返し応力下の履歴特性のモデル化

　曲線モデルの例としては Ramberg-Osgood モデル[4.20]（RO モデル）や Ciampi のモデル[4.21]があります。Ciampi のモデルは修正 Menegotto-Pinto モデルとも呼ばれ，応力～ひずみ曲線は次式で表現されます。

$$\frac{\sigma}{\sigma_{yp}} = H\frac{\varepsilon}{\varepsilon_{yp}} + \frac{(1-H)\dfrac{\varepsilon}{\varepsilon_{yp}}}{\left(1 + \left|\dfrac{\varepsilon}{\varepsilon_{yp}}\right|^{R}\right)^{1/R}} \tag{4.12}$$

$$R = R_o - \frac{a_1\varepsilon_{max}}{a_2 + \varepsilon_{max}} \tag{4.13}$$

　σ_{yp}：降伏点

　ε_{yp}：降伏ひずみ

　H：ひずみ硬化率

　ε_{max}：それまでに経験した最大の塑性ひずみ

　R_0, a_1, a_2：曲線の形状を決めるパラメータ

　（標準値は $R_0 = 20.0$, $a_1 = 18.5$, $a_2 = 0.00015$）

　図 4.21 に Ciampi のモデルによる応力〜ひずみ関係を示します。このモデルはバウシンガー効果が考慮されており，正側で降伏した後，ひずみ硬化により応力が上昇すると，その後，除荷されて負側で降伏する場合は，正側で応力が上昇した分だけ負側で降伏する時の応力は低くなります。

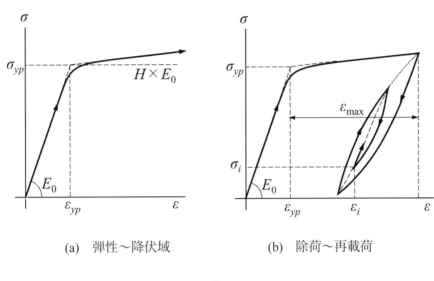

(a)　弾性〜降伏域　　　　　　(b)　除荷〜再載荷

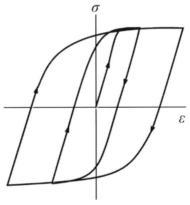

(c)　引張〜圧縮繰返し載荷

図 4.21 Ciampi のモデル[4.21)]

　図 4.22 に鋼材の引張−圧縮繰返し載荷実験の結果と Ciampi のモデルの比較を示します。除荷や再載荷による履歴曲線の特徴を良好に再現できています。

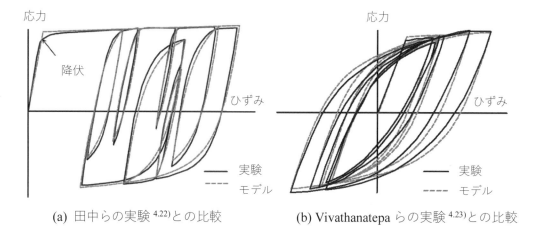

(a) 田中らの実験 [4.22]との比較　　　　(b) Vivathanatepa らの実験 [4.23]との比較

図 4.22 Ciampi のモデルと実験結果の比較

鋼材の降伏基準と硬化則の選び方

　鉄筋は軸方向のみに力を負担するものと仮定して，解析ではトラス要素や梁要素等の線材要素で表現するのが一般的です。その場合は軸方向の応力が降伏点を超えたかどうかで降伏を判定すれば良いので簡単ですが，鉄骨や鋼管，あるいは鋼板などは平面応力要素やシェル要素でモデル化するのが一般的です。その場合は二軸応力場になりますから降伏基準が必要です。一般的には実験結果と適合性が良いミーゼス（von Mises）の降伏条件式が用いられます。ミーゼスの降伏条件は応力の静水圧成分の大きさに無関係で，偏差応力のみに依存します。ミーゼスの降伏条件式を以下に示します。

$$\sigma_{eq} = \sigma_{yp} \tag{4.14}$$

$$\sigma_{eq} = \sqrt{\sigma_x^2 + \sigma_y^2 - \sigma_x \sigma_y + 3\tau_{xy}^2} \quad \text{（二軸応力場）} \tag{4.15}$$

$$\sigma_{eq} = \sqrt{\frac{1}{2}\left\{(\sigma_x - \sigma_y)^2 + (\sigma_y - \sigma_z)^2 + (\sigma_z - \sigma_x)^2\right\} + 3(\tau_{xy}^2 + \tau_{yz}^2 + \tau_{zx}^2)}$$

$$\text{（三軸応力場）} \tag{4.16}$$

σ_{eq}：相当応力

σ_{yp}：降伏点

　降伏後は塑性理論に従い，流れ側や硬化側が適用されます。硬化則には降伏局面の原点が移動しない等方硬化則と原点が移動する移動硬化則，さらにそれらを組み合わせた複合硬化則があります。解析が単調載荷荷重のみで行われる場合は硬化則の違いによる差は現れませんが，繰返し載荷を行う場合には差が生じます。どの硬化則の適合性が良いのかは鋼材の種類によっても変わりますので，素材試験などを参考にして決めると良いでしょう。一般的な鉄筋では前節で述べたように，バウシンガー効果により引張側でひずみ硬化した後の圧縮側の降伏点は低下する現象が見られますので，移動硬化則が用いられることが多いです。

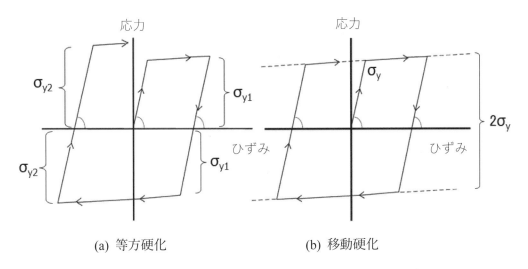

(a) 等方硬化　　　　　　　　(b) 移動硬化

図 4.23　一軸応力下における等方硬化と移動硬化の比較

鉄筋とコンクリート間の付着すべり特性の与え方

　鉄筋とコンクリート間の付着のメカニズムは粘着力と摩擦力に加え，異形鉄筋では表面の凹凸（節やリブ）によるに機械的作用からなります。付着は完全ではなく，両者の間には相対すべりが生じ，丸鋼では特に顕著です。付着応力とすべり量の関係をモデル化したものとしては，繰返し応力下までを対象とした森田・角の提案モデル[4.24]があります。図 4.24 に示すように，除荷，再載荷を含む様々な経路に関してルールを定めています。

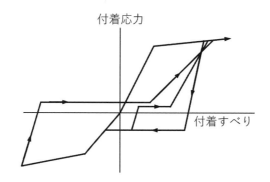

図 4.24 森田・角の付着応力－すべり特性モデル [4.24)]

　このモデルは直線を組み合わせたものであることから，正負繰返し載荷解析や地震応答解析に適用する場合，折れ点を通過する際の急激な剛性変化により，過大な不釣合い力が生じやすいという解析上の扱い難さがあります。そこで，高次の関数を用いた曲線型のモデル [4.25)] も提案されていますので，付録 8 に紹介しておきます。

　解析で付着すべりを考慮する必要があるのは，大きな曲げモーメントを受ける柱や梁の主筋で，特に，柱梁接合部内を梁の主筋が通し配筋されている場合に，地震時の正負繰返し荷重を受けると通し配筋された梁の主筋の付着すべりが生じやすくなります。図 4.25 は梁主筋の付着特性を変えた鉄筋コンクリート柱梁接合部の実験結果です。付着が良好な場合は履歴曲線が大きな面積を描きますが，付着すべりが生じると履歴曲線が小さくなり，エネルギー吸収能が低下します。その他に，定着部から鉄筋の抜け出しが生じるような場合には付着すべりを考慮することで変形量の解析精度は向上しますが，耐力にはあまり影響を及ぼしません。異形鉄筋には節があるため，引張力を受けると節の部分ではコンクリートに局所的な圧縮破壊が生じたり，ひび割れが生じたりして，付着割裂破壊を生じる原因にもなります（図 4.26）。この現象を解析で再現するためには異形鉄筋の節の形状が表現できるようなかなり細かな要素分割が必要になります。そこで，森田・藤井らは図 4.27 に示すように直交 2 方向のバネから成るリンク要素（くさびリンク）を鉄筋軸に対して斜め 45 度と 135 度の方向にバネが作用するように配置して解析する方法を提案しています [4.26)]。この方法では鉄筋とコンクリートが相対的にずれる動きをすると鉄筋からコンクリートに斜め方向の圧縮力が作用します。異形鉄筋の節がコンクリートに与える作用を表現する手法の一つですが，斜めに配置されたバネが圧縮のみに作用し，引張には効かないようにする必要があります。この方法では異形鉄筋の節がコンクリートに及ぼす力を考慮することができますが，モデル化が煩雑になるため，実際の解析で用いられている例は少ないです。

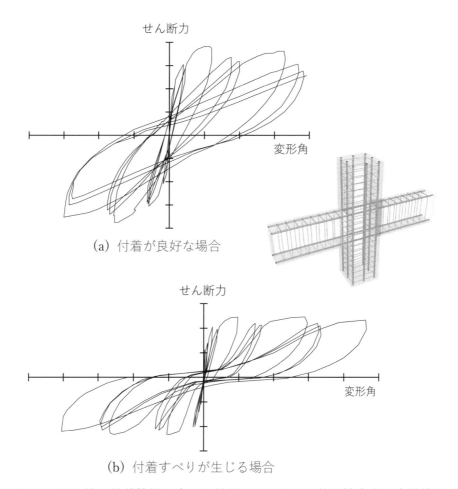

(a) 付着が良好な場合

(b) 付着すべりが生じる場合

図 4.25　梁主筋の付着特性を変えた鉄筋コンクリート柱梁接合部の実験結果

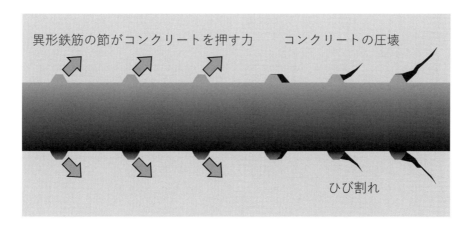

図 4.26　異形鉄筋の節がコンクリートに与える影響

74

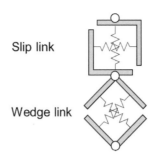

図 4.27 斜めリンク要素を用いた付着すべり挙動の表現 [4.26]

参考文献

4.1)　野口貴文, 友澤史紀：高強度コンクリートの圧縮強度と各種力学特性との関係, 日本建築学会大会構造系論文集, No.472, pp.11-16,1995.6

4.2)　コンクリート標準示方書「構造性能照査編」, 土木学会, 2002 制定

4.3)　Nakamura, H. and Higai, T.: Compressive Fracture Energy and Fracture Zone Length of Concrete, Seminar on Post-peak Behavior of RC Structures Subjected to Seismic Load, JCI-C51E, Vol.2, pp.259-272, 1999.

4.4)　Kupfer, H.B. and Gerstle, K.H.: Behavior of Concrete Under Biaxial Stresses, Journal of the Engineering Mechanics Division, ASCE, Vol.99, No.EM4, pp.853-866, 1973.

4.5)　Darwin, D. and Pecknold ,D.A.: Nonlinear Biaxial Stress - Strain Law for Concrete, Journal of the Engineering Mechanics Division, ASCE, Vol.103, No.EM2, pp.229-241, 1977.

4.6)　野口博：有限要素法による鉄筋コンクリートの非線形解析, 第 1 報：二軸応力下のコンクリートの応力－ひずみ関係, 日本建築学会論文報告集, No.252, pp.1-11, 1977.2

4.7)　Ottosen, N. S. :A failure Criterion for Concrete, Journal of the Engineering Mechanics Division, ASCE, Vol.103, No.EM4, pp. 527-535, 1977.

4.8)　Willam, K. J. and Warnke, E. P.:Constitutive Model for the Triaxial Behavior of Concrete International Association for Bridge and Structural Engineering Proceedings, Vol.19, pp.1-30, 1975.

4.9)　出雲淳一, 島　弘, 岡村　甫：面内力を受ける鉄筋コンクリート板要素の解析モデル, コンクリート工学論文, No.87.9-1, pp.107-120, 1987.9

4.10)　長沼一洋, 山口恒雄：面内せん断応力下におけるテンションスティフニング特性のモデル化, 日本建築学会大会学術講演梗概集, 構造 II, pp.649-650, 1990.10

4.11)　玉井真一, 島　弘, 出雲淳一, 岡村　甫：一軸引張部材における鉄筋の降伏以後の平均応力－平均ひずみ関係, 土木学会論文集, 第 378 号, pp.239-247, 1987

4.12)　Nielsen,M.P., Jensen,B.,C. and Bach,F.: Concrete Plasticity, Beam Shear - Shear in Joints - Punching Shear, Technical University of Denmark, Lyngby, Structural Research Laboratory,October 1978.

4.13)　Vecchio,F.J.and Collins,M.P.: The Response of Reinforced Concrete to In-Plane Shear and Normal Stresses, Pub. No.82-03, Department of Civil Engineering. University of Toronto, March,1982

4.14)　Vecchio,F.J. and Collins,M.P.：The Modified Compression-Field Theory for Reinforced Concrete Elements Subjected to Shear, ACI Journal, Proceedings Vol.83,No.2,March-April,pp.219-231,1986.

4.15)　山口恒雄, 長沼一洋：面内せん断力を受ける鉄筋コンクリート平板の力学的特性に関する実験的研究, 日本建築学会構造系論文報告集, 第 419 号, pp.77-86, 1991.1

4.16)　長沼一洋：鉄筋コンクリート壁状構造物の非線形解析手法に関する研究（その１）, 平面応力場における鉄筋コンクリート板の非線形解析モデル, 日本建築学会構造系論文報告集, 第 432 号, pp.39-48, 1991.3

4.17)　山田一宇, 青柳征夫：ひびわれ面におけるせん断伝達, 第 2 回ＲＣ構造のせん断問題に対する解析的研究に関するコロキウム論文集, 日本コンクリート工学協会, JCI-C5, pp.19-26,1983.10

4.18)　Al-Mahaidi, R.S.H.: Nonlinear Finite Element Analysis of Reinforced Concrete Deep Members, Report 79-1, Department of Structural Engineering, Cornell University, Jan. 1979.

4.19)　奥野太志郎, 佐藤裕一, 他：三次元有限要素法における RC 部材の主筋座屈とかぶり剥落, コンクリート工学年次論文集, Vol.42, No.2, pp.61-66, 2020.7

4.20)　Ramberg, W., and Osgood, W. R.: Description of stress-strain curves by three parameters. Technical Note No. 902, National Advisory Committee for Aeronautics, Washington DC. 1943.

4.21)　Ciampi,V.et al.: Analytical Model for Concrete Anchorages of Reinforcing Bars Under Generalized Excitations, Report No. UCB/EERC-82/23, Univ. of California, Berkeley, Nov.,1982.

4.22)　田中良仁, 水野英二, 宇佐美勉：繰り返し引張・圧縮を受ける鋼素材の挙動, 土木学会第 44 回年次学術講演会, pp.248-249, 1989.10

4.23)　Viwathanatepa, S. et al. : Effects of Generalized Loadings on Bond of Reinforcing Bars Embedded in Confined Concrete Blocks, Report No.EERC-79/22, Earthquake Engineering Research Center, Univ. of California, 1979.

76

4.24) 森田司郎, 角　徹三：繰返し荷重下における鉄筋とコンクリート間の付着特性に関する研究，日本建築学会論文報告集，第 229 号，pp.15-24, 1975.3

4.25) Naganuma, K., Yonezawa, K., Kurimoto, O. and Eto, H. : Simulation of Nonlinear Dynamic Response of Reinforced Concrete Scaled Model Using Three-Dimensional Finite Element Method, 13th World Conference on Earthquake Engineering, Paper No.586, August 2004.

4.26) 森田司郎, 藤井　栄：有限要素法解析における付着モデルの現状と今後の課題，RC 構造物の有限要素解析に関するコロキウム論文集，日本コンクリート工学協会，pp.35-42, 1984.12

～～～～～～～～～～～～～～～～～～～～～～～～～～～～～～～～～

よもやま話（その４）～出力結果は 1000 万円の椅子

　1985 年頃，建設会社の技術研究所で有限要素法による構造解析に携わっていた時の話です。複雑な形をした原子炉内部コンクリート構造の非線形解析を担当することになり，会社の電子計算機センターにある IBM 製の大型コンピュータを利用することにしました。大型とは言え，当時は計算実行時に使えるメモリーが最大で 5MB 程度と今では信じられないほど小さかったため，いかにして少ない要素数で複雑な形状を表すかに苦労しました。1000 個程度のシェル要素で分割して何とかメモリーを 5MB 以下に抑えることができました。そして，荷重増分法により地震時の水平力を少しずつ与えていくのですが，１ステップを計算するのに 30 分位を要しました。

　コンピュータは使用料が決まっていて１分間で１万円位だったと思います。１ステップで約 30 万円かかり，計算が終わると各節点の変位や要素の応力，ひずみなどの膨大な情報がプリンターから出力されますが，その厚さは１ステップ分で 2 cm 位ありました。一度に計算できる時間に制約があったため，一日に数ステップずつ計算を進めながら，結果をグラフ用紙に手描きでプロットしていきました。予算の制約もあり，予想される最大荷重までを 30 ステップ位で計算し，出力結果を積み上げてみると，座るのにちょうど良い高さになりました。同僚にそれを見せて，「これは 1000 万円の椅子だ」と言って自慢したことを覚えています。1000 要素程度の非線形解析なら現在のノートパソコンでは数秒で終えられますから，コンピュータの進歩がいかに著しいかが分かります。

～～～～～～～～～～～～～～～～～～～～～～～～～～～～～～～～～

5章 荷重の与え方

　有限要素法による構造解析では様々な荷重を与えることができます。構造実験のシミュレーションでは載荷点の位置に対応する節点に集中荷重を与えたり，載荷板の大きさに合わせて分布荷重を与えたりします。振動台実験のシミュレーションや地震時の応答性状の解析では支持点（変位固定点）に加速度の時刻歴を与えます。温度変化に対する解析では温度を与えますが，温度分布を求めたい場合は別途，熱伝導解析を実施する必要があります。

　ここでは非線形解析における荷重の与え方について述べます。

荷重の種類

(1) 節点荷重

　構造解析における一般的な荷重で，荷重を与える節点と荷重の作用方向を指定します。材料非線形解析では 1 つの節点のみに荷重を与えると，その部分だけが破壊してしまう場合がありますので注意して下さい（図 5.1 (a)）。実験では載荷板などを用いて荷重をある程度分布させて載荷しますので，解析でも同様に載荷板をモデル化した上で荷重を与えるか，複数の節点への分布荷重とした方が良いでしょう（図 5.1 (b)）。

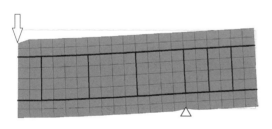 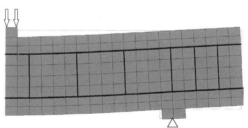

(a) 載荷点も支持点も単一の節点の場合　　(b) 載荷点と支持点の鋼板を考慮した場合

図 5.1 中央に集中荷重を受ける単純梁の変形モード（対称性を利用して右半分を解析）

(2) 分布荷重

　要素の辺や面に分布する荷重で，単位な長さあたり，あるいは単位面積あたりの荷重の大きさを指定します。解析プログラムの中では節点の荷重に換算して与えますので節

点荷重と同じものと考えて下さい。分布荷重を指定する機能が無い場合は該当する節点に荷重を振り分けて与えます。その場合，節点の負担長さや負担面積に応じて荷重の大きさを決める必要があります。図 5.2 に一次要素を用いたモデルに一様な分布荷重を与える場合の節点荷重の比率を示しておきます。二次要素を使用している場合は「3 章 解析対象のモデル化方法」で示したように，隅節点と中間節点の荷重の分担率が一次要素とは異なりますから注意して下さい。

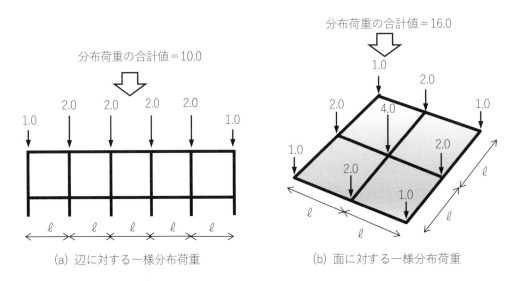

(a) 辺に対する一様分布荷重   (b) 面に対する一様分布荷重

図 5.2 一様分布荷重に対応する節点荷重の比率（一次要素の場合）

(3) 強制変位

　節点には荷重ではなく変位を与えることもできます。変位の方向と変位量を指定すれば与えた変位量に応じて荷重が求まります。それを反力と呼ぶこともあります。節点に荷重を与えた場合と，その節点に生じる変位量を強制変位として与えた場合の反力は一致します。つまり，どちらも同じ結果になります（図 5.3）。

　節点に荷重を与えた場合は，解析対象が破壊せずに負担できる最大の荷重（強度あるいは耐力とも呼びます）は分かりませんが，強制変位を与えた場合は，最大荷重に到達し，その後，荷重が低下するところまで解析で求めることができます（図 5.4a, 図 5.4b）。節点荷重を与えた後，同じ節点に強制変位を与えることもできます。構造解析では載荷初期の剛性が高い範囲では節点荷重を与え，剛性が低下し始めたら強制変位に切り替えて，最大荷重に達するまでの計算を行うことが多いです（図 5.4c）。

P=150kN（載荷点の水平変位量=0.1mm）　　　δ=0.1mm 荷重（載荷点の反力=150kN）

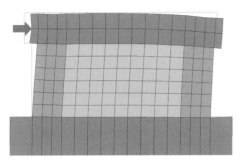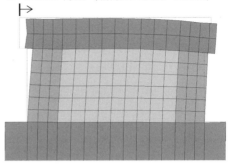

(a) 節点に集中荷重を与えた場合　　　　　　(b) 節点に強制変位を与えた場合

図 5.3　耐震壁への水平力の載荷方法

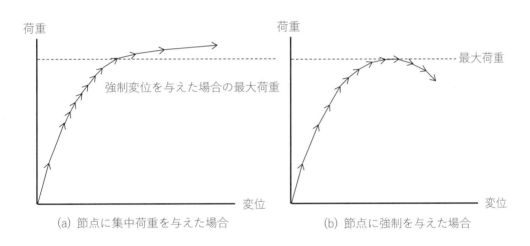

(a) 節点に集中荷重を与えた場合　　　　　　(b) 節点に強制を与えた場合

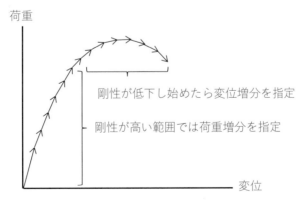

(c) 節点に集中荷重を与えた後に強制変位を与えた場合

図 5.4　耐震壁に水平力を載荷した場合の荷重～変位関係

(4) 慣性力と動的荷重

　動的解析の機能がある場合は，要素に質量を与えておき，加速度を入力して慣性力による応答を求めることができます（図5.5）。地震時の地盤の加速度のように，時刻と共に変化する加速度や荷重を与えて応答を求める解析を時刻歴応答解析と呼びます。節点荷重を時刻歴で与えて解析することもできます。

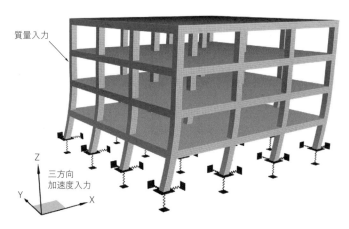

図5.5 動的解析における質量と加速度の入力

(5) 初期応力と初期ひずみ

　プレストレストコンクリートには PC 鋼材によって初期導入力が与えられます。コンクリートが硬化する際には収縮ひずみが生じます。これらは初期応力や初期ひずみとして解析プログラムの中で等価な節点荷重に変換されて考慮されます。初期応力や初期ひずみは変形が完全に拘束されている状態で要素に生じるものですから，自由に変形できる状態では要素の応力もひずみも生じません。プレストレストを導入する場合，PC 鋼材に引張の初期応力を与えますが，その反力がコンクリートに圧縮力として作用します（図5.6）。それによってコンクリートが多少変形するため，PC 鋼材に与えた初期応力は少し減少します。鉄筋コンクリート部材の解析でコンクリートに収縮ひずみを与えると，コンクリートの収縮を鉄筋がある程度拘束しますから，その結果としてコンクリートには引張力，鉄筋には圧縮力が生じます。鉄筋は圧縮されて少しひずみますから，それに対応してコンクリートに与えた収縮ひずみも少し減少します。このように初期応力や初期ひずみを与えた解析では，その結果として得られる応力やひずみが与えた初期応力や初期ひずみとは一致しないことが一般的です。

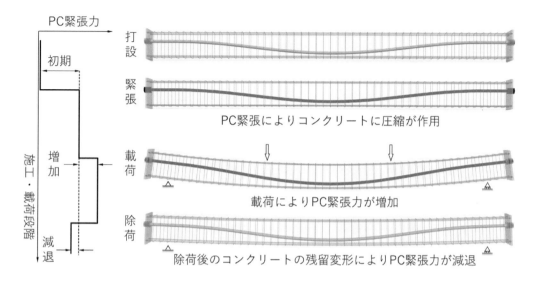

図 5.6　プレストレス力の変動

(6) 温度荷重

　鋼材もコンクリートも温度の変化に応じて伸び縮みします。どちらも線膨張係数はおよそ 10^{-5} です。線膨張係数に応じて要素には温度ひずみが生じます。温度ひずみは熱ひずみ，あるいは自由（膨張）ひずみとも呼ばれます。解析における考慮方法は初期ひずみと同じです。要素の線膨張係数と温度を指定することで高温になると膨張し，低温になると収縮する現象を解析することができます。液化天然ガス（LNG）のタンクでは低温，原子炉格納容器では高温にさらされた場合の解析を行うことがあります。図 5.7 は鉄筋コンクリート製の円筒壁が-100 度の低温になった場合と 100 度の高温になった場合の変形モードです。解析プログラムに温度を指定する機能が無い場合は温度の変化に応じた初期ひずみを与えることで代用することができます。要素の温度が分かっていれば良いのですが，分からない場合は別途，熱伝導解析を行って解析対象の温度分布を求めておく必要があります。

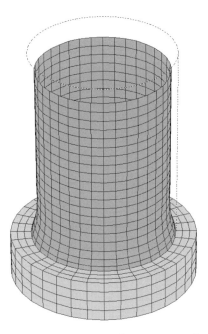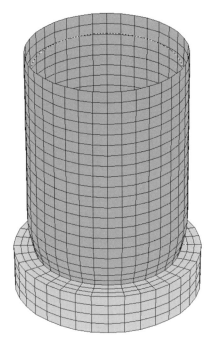

(a) 低温荷重（-100度）を与えた場合   (b) 高温荷重（100度）を与えた場合

図 5.7 円筒壁に温度荷重を与えた場合の変形モード（拡大率 100 倍）

非線形求解法

　線形解析では荷重を与えればそれに応じた変位がフックの法則に基づいて求まります
が、非線形解析では材料の剛性の変化や形状の変化を考慮するため、与えられた荷重を
少しずつ与えていく必要があります。その場合は荷重増分法が用いられるのが一般的で
す。荷重増分法では与えられた荷重の増分に対して線形解析を行って変位増分を求めま
す。荷重増分の代わりに変位増分を与えることも可能で、その場合は変位を与えた個所
の荷重増分が求まります。どちらの場合も結果は等しく、ある点に荷重 P を与え、その
点の変位が δ と求まったとすれば、同じ点に δ の変位を与えると、その点の荷重は P と
求まります。荷重増分と変位増分を異なる位置に同時に与えることも可能です。各節点
の変位が求まれば、要素のひずみを計算し、応力や剛性を更新します。次の増分に対し
ては更新した剛性を用いて同様に線形解析を行い、得られた結果をそれ以前の結果に加
算します。この手順を繰り返し、所定の荷重あるいは変位までの計算を行います。各増
分に対しては線形解析を行うので区間線形法とも呼ばれます（図 5.8）。

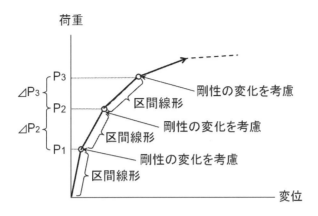

図 5.8　荷重増分法のイメージ

荷重増分法の流れは図 5.9 のようになります。

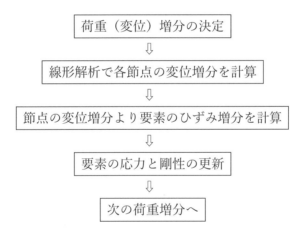

図 5.9　非線形求解法の種類

　ここで，不釣合い力とは，要素の応力から求めた等価節点力（内力）と与えられた節点荷重（外力）との差です。これは次の荷重増分に加算するか，あるいは収束計算を行って処理する必要があります。収束計算に関しては次の項で説明します。

　増分法における剛性の決め方には以下の 3 種類があります。

84

①初期剛性法（Initial stiffness method; 図 5.10(a)）

　剛性を常に一定に保ちながら，外力（荷重）と内力（要素の応力から求めた等価節点力）の差（不釣合い力）を荷重項として，反復計算により非線形解（節点変位）を求める方法です。各増分段階で剛性を更新する必要がないため，計算時間は少なくて済みますが，非線形性が強い問題に対しては多くの反復計算を要するため，剛性の変化が比較的小さい場合に適しています。

②接線剛性法（Tangential stiffness method; 図 5.10(b)）

　各増分段階で要素の応力〜ひずみ曲線の接線剛性に基づいて剛性を決定する方法です。不釣合い力が生じる場合には初期荷重法と同様に反復計算が必要です。剛性の更新に多少時間がかかりますが，非線形性が強い問題に対しても比較的少ない反復計算で解が得られることが特長です。

③割線法（Secant method; 図 5.10(c)）

　各増分段階で要素の応力〜ひずみ曲線の割線剛性に基づいて剛性を決定して解を求め，不釣合い力に対しては初期荷重法や接線剛性法と同様に反復計算により非線形解を求める方法です。接線剛性法より反復計算回数が増えるため，計算量はやや多くなりますが，要素の接線剛性が安定的に求められないような場合（ポアソン比が 0.5 となる場合など）に有効です。

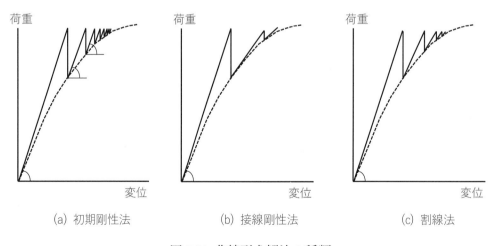

(a) 初期剛性法　　　(b) 接線剛性法　　　(c) 割線法

図 5.10 非線形求解法の種類

収束計算

　各荷重増分段階で発生する不釣合い力が大きい場合には収束計算（反復計算）を行って解を修正する必要があります。但し，通常の鉄筋コンクリート部材や構造物であれば荷重増分の大きさを耐力の 1/50 程度以下になるように小さくして，接線剛性法を用いることで，収束計算を行わなくても工学的には十分な精度の解が得られます。その理由はコンクリートから鉄筋に応力が再配分されるため，変形が極端に増えることがなく，コンクリートの剛性の変化が全体の剛性に及ぼす影響も比較的小さいからです。一方，無筋コンクリートや鉄筋が少ない場合には収束計算を行わないと変位を過小評価することがありますので収束計算を行います。代表的な収束計算法は以下の 2 つです。

① ニュートン法（Newton method）

　収束計算中に毎回剛性を更新しながら解を求める方法で，接線剛性法の概念に対応しています（図 5.11）。最も収束が早く，少ない回数で収束しますが，コンクリートのひび割れや圧縮破壊などにより，応力再配分が多くの要素で必要になると，なかなか収束しないことがあります。

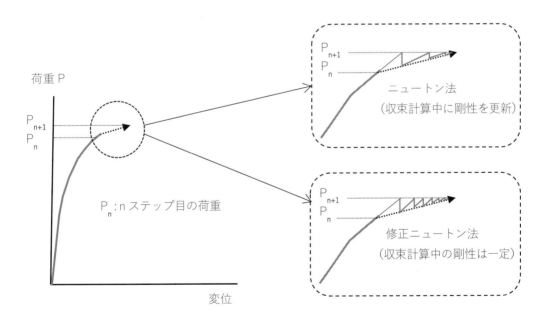

図 5.11　非線形求解法の種類

② 修正ニュートン法（Modified Newton method）

　収束計算中に剛性を一定に保ちながら解を求める方法で，初期荷重法の概念に対応しています。収束計算中の剛性は増分荷重開始時のものが用いられます（図5.11）。一般的にニュートン法より多くの収束計算回数が必要になりますが，計算に要する時間は短いのが特長です。

　鉄筋コンクリートを対象とした解析では収束計算を行っても収束しないことが良くあります。図5.12は無筋コンクリート部分の節点に集中荷重を与えた解析ですが，右側の引張を受ける要素には早期にひび割れが生じており，鉄筋がないためひび割れによる解放応力が再配分されず，収束計算を何回行っても収束しません。実験では載荷部分が局所的に破壊しないように補強したり，加力用のスタブを設けたりしますので，解析でも同様なモデル化が必要です。

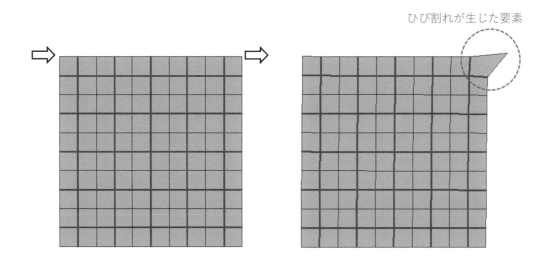

図5.12　鉄筋コンクリート壁の解析で無筋部分の要素にひび割れが生じた例

　非線形解析では不釣合い力が零あるいは十分小さくなるまで収束計算を行えば解が得られたと言えますが，これが必ずしも正しい解とは限りません。あくまでも与えられた荷重増分に対する解が得られただけで，荷重増分の大きさによって解は異なります。これについては次の項で説明します。一方，収束計算を行っていない結果は信頼できないということは一概には言えません。収束計算を行わない場合でも不釣り合い力は後続の

荷重増分と共に作用しますから，収束解を得ることに拘るよりも荷重増分を小さくして発生する不釣り合い力があまり大きくならないように注意しながら解析を進めた方が良いでしょう。

荷重増分の大きさ

　鉄筋コンクリート構造ではコンクリートに最初にひび割れが生じる荷重まではほぼ線形の挙動を示しますので，非線形解析の最初の増分荷重はひび割れ発生直前の大きさに設定すれば良いでしょう。その後の荷重増分は大きくなり過ぎないようにします。図5.13は単純支持された鉄筋コンクリート梁の中央に集中荷重を与えた解析のひび割れ進展状況ですが，荷重増分量の大きさによってひび割れ分布が異なっています。どちらも収束解が得られていますが，荷重増分量が大きいと一度に多くの要素にひび割れが生じています。実際にはひび割れが生じるとその近傍のコンクリートの引張応力は低下しますので，隣接する多くの要素に同時にひび割れが生じるのは不自然です。しかし，荷重増分量が大きいと多くの要素で引張応力が引張強度を超過してしまい，ひび割れが数多く生じることになります。

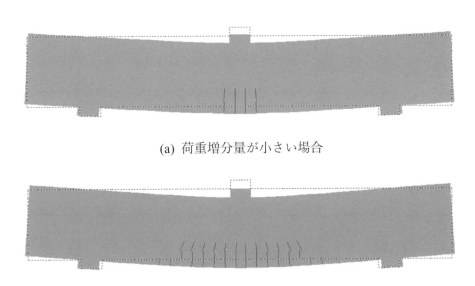

(a) 荷重増分量が小さい場合

(b) 荷重増分量が大きい場合

図 5.13　荷重増分量の大きさが鉄筋コンクリート梁のひび割れ進展に及ぼす影響

　最大荷重までの荷重増分の大きさを変化させた場合の解析結果の比較を図5.14に示します。この例は接線剛性法により不釣合い力は後続の増分荷重に加えて処理しています。初期の剛性にはほとんど差はみられませんが，ひび割れが発生して剛性が低下し始めると差が生じており，増分数が少ない（1増分当たりの荷重が大きい）ほど，変形が小さくなっています。最大荷重までは50増分程度で解析する必要があると言えます。増分数を30として収束計算の有無を変えた解析結果を図5.15に示します。収束計算を行った方が変形は実験に近づきますが，図5.14で増分数を50として収束計算を行っていない結果とほとんど違いが無いことが分かります。そして，収束計算を行った場合は最大荷重の近傍で荷重が少し増減を繰返して乱れています。これは破壊が進行した結果，収束解が得にくくなったことが原因です。このことより，接線剛性法により荷重増分をある程度細かくしておけば収束計算を行わなくても実用的な精度は確保できると言えます。但し，鉄筋量が少ない場合や無筋コンクリートなどでは収束計算の有無による差が大きくなりますから収束計算を行った方が良いでしょう。また，初期剛性法や割線法を用いた場合も収束計算は必要です。

　地震力のように正負繰返し荷重を与える場合には除荷開始時の荷重や変位の与え方に注意が必要です。コンクリートにひび割れが生じたり，鋼材が降伏したりすると剛性は大きく低下します。この状態から除荷を行うと，接線剛性法を用いている場合は応力の減少量は小さくてもひずみの減少量は大きくなります。その結果，応力の修正量が過大になり，解析が不安定化することがあります。

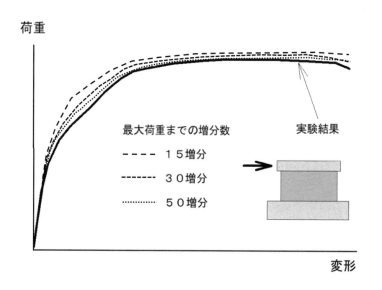

図 5.14　荷重増分量の大きさが鉄筋コンクリート壁の解析結果に及ぼす影響

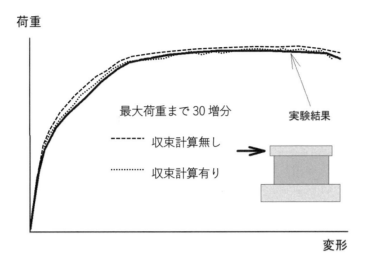

図 5.15　収束計算の有無が鉄筋コンクリート壁の解析結果に及ぼす影響

　図 5.16 は鋼材が降伏した状態から除荷が生じたときの応力修正のイメージを示しています。除荷が起こる前は降伏後の小さな剛性しか有していませんから，応力の減少量は小さく，ひずみの減少量は大きくなります。本来の除荷曲線の位置に修正するためには，大きな応力修正量が必要になり，その結果，解析結果が乱れたり計算が不安定になったりします。また，コンクリートにひび割れが生じた後，圧縮力が作用すると，ひび割れが閉じて，ひずみが圧縮側に移行しますが，この際にひずみの変動量が大きいとひび割れが閉じたという判定が遅れてしまい，図 5.17 に示すように圧縮側の応力〜ひずみ曲線に戻すために大きな応力修正が必要になります。これも解析が乱れる原因になります。

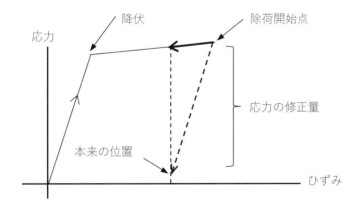

図 5.16　鋼材の降伏後の除荷による応力修正

　このような場合には除荷開始時の荷重や変位の減分をなるべく小さくすると良いでしょう。また，外力は増加し続けていても，非線形化の進行に伴って応力の再配分が起こり，一時的に除荷される要素が増えてきます。この現象は避けられませんから，破壊が近くなって剛性の低下が顕著になると解析結果にはある程度の乱れが生じます。コンクリートのようにひび割れや圧縮破壊によって，急激に応力が低下するような材料を含む解析では避けられない現象だと言えます。初期剛性法や割線法を用いている場合は接線剛性法より不安定化はしにくいのですが，多数回の収束計算が必要になることが多いです。

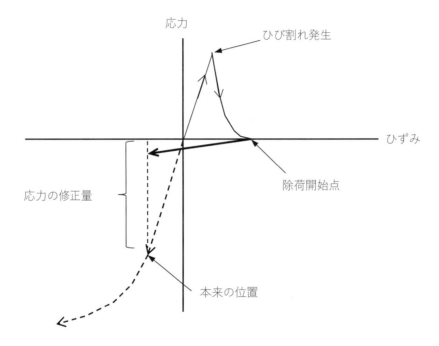

図 5.17 コンクリートのひび割れ後の除荷による応力修正

時間増分の大きさ

　荷重を動的に載荷したり，地震時の加速度を与えたりする時刻歴応答解析では，時間増分を指定します。時間増分の大きさは一次固有周期の 1/20～1/10 程度が目安となりますが，非線形解析では剛性が低下した後は 1/1000～1/100 程度まで小さくした方が良いでしょう。その理由は時間増分が大きいとコンクリートや鋼材の応力変動が大きくなり，過大な不釣合い力が生じて解析が発散してしまう恐れがあるからです。途中で時間増分

を変更できないプログラムでは時間増分を変えて何ケースか解析してみると良いでしょう。

　熱伝導解析には時間による変化を考慮しない定常熱伝導解析と時間による変化を考慮する非定常熱伝導解析があり，後者は時間増分の指定が必要です。時間増分が小さ過ぎると図 5.18 に示すように節点の温度変化に不自然な振動が現れる場合があります。時間増分の大きさは次式を目安にして下さい。

$$\text{時間増分} \geq \rho\, c\, L^2 / (6\lambda) \tag{5.1}$$

ρ：密度

c：比熱

L：要素の平均寸法（辺の長さ）

λ：熱伝導率

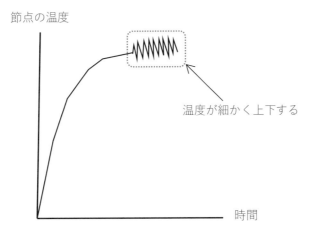

図 5.18　熱伝導解析における節点温度の乱れ

~~~~~~

よもやま話（その5）〜ラインプリンターがエラーを告げる

　1970〜80 年代はコンピュータからの出力にはラインプリンターが使われていました。ラインプリンターは一度に 1 行（133 文字）を印字できるもので, 近くにいると, ジ, ジ, ジ, ジャ, ジャ, ジャと小気味よい打刻音がリズミカルに聞こえてきます。 1 行に印字する文字の量に応じて, 音やリズムが微妙に変化するため, 自分の出力結果を何度も聞いていると次第にその特徴を覚えてしまい, 次々に出力される中から, これは自分の出力結果だと分かるようになったものです。しかし, 計算の途中でエラーを生じて解析が止まることもあり, その時は最後にエラーメッセージが出力されるため, いつもと終わる時の音の感じが違います。それによって解析がうまく行かなかったことが分かり, がっかりしたものです。

~~~~~~

6章 解析の進め方

　計算環境が整った現在では大規模なモデルの非線形解析が可能になりました。計算速度も速くなり，現在の一般的なパソコンの性能は1990年頃のスーパーコンピュータをはるかに凌いでおり，1000要素程度の非線形解析なら数秒で終わってしまいます。しかし，データの作成が終わるやいなや，すぐに非線形解析を行うのは早計です。データの作成ミスがあっても気付かずに結果をまとめてしまい，後になってミスに気づくと手戻りになりますし，実務では大きな問題に発展することもありますので，慎重に進める必要があります。解析の対象が構造実験を行った試験体であれば，まず，その実験はどのような条件で行われたのか，そして，どのような破壊経過をたどったのかを事前に良く調べておくことが大切です。ここでは非線形解析の進め方を説明します。

弾性解析による確認

　非線形解析に先立ち，まず小さな荷重で線形解析を行い，変形や応力を確認することで，境界条件やモデル化のミスが発見できます。チェックすべき項目を以下に挙げます。

① 　変形状態のチェック

　変形モード図の変形拡大率を大きくして，境界条件が正しいか，形状と荷重が対称な場合は変形が対称になっているかを確認します（図6.1）。荷重が対称でない場合は対称となるような仮想の荷重を与えると良いでしょう。現在のパソコンは32bitか64bitで計算しますので，節点変位は12～13桁程度の精度で求められるはずです。節点座標を2進法で表現する際に若干の誤差は生じますが，有効数字で10桁位までは一致しますので，図化して確認するだけでなく，節点変位のデジタル値も確認した方が確実です。

② 応力状態のチェック

　一様な軸力を与えるなどして，要素の応力が略算で求めた値に近いかどうか確認します。また対称性がある場合は応力が対称に生じていることを確認します。応力のコンター図を表示して確認するのも良いでしょう（図6.2）。せん断応力度は符号に注意が必要で，対称な位置では値が等しく逆符号となっているのが正しいです。鉄筋コンクリートの解析では鉄筋比のミスはなかなか発見が難しいのですが，コンクリートの応力分布の乱れから鉄筋比のミスに気づくこともあります（図6.3）。

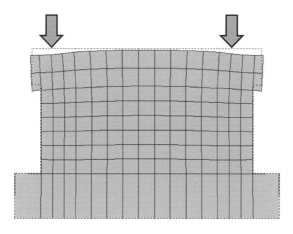

図 6.1　耐震壁の側柱に鉛直軸力を与えた場合の変形モード（拡大率 1000 倍）

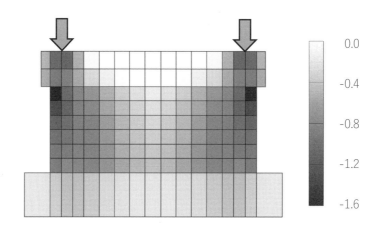

図 6.2　耐震壁の側柱に鉛直軸力を与えた場合のコンクリートの最小主応力分布

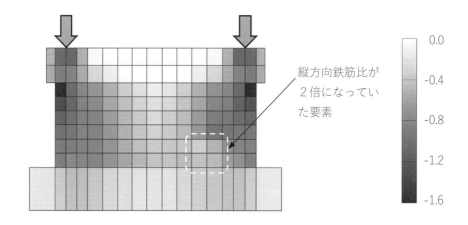

縦方向鉄筋比が
2倍になってい
た要素

図 6.3　耐震壁の縦方向鉄筋比の一部にミスがある場合の主応力分布の乱れ

③ 反力のチェック

　解析ソフトによって支持点の反力が求められる場合は与えた荷重と釣り合っているかどうかを確認します。境界条件を間違えていると反力が外荷重と釣り合わないことがあります。反力を求める機能がない場合，支持点に零の強制変位を与えると反力が求められるものもあります。

非線形解析の実行

　弾性解析による確認が済んだら荷重を増分的に載荷して非線形解析を行います。一般的に，増分を与える各段階をステップと呼びます。自重や積載荷重，プレストレス力などを与える場合は載荷順序に応じて段階的に与えます。一度に導入されるコンクリートの圧縮応力が大きくなり過ぎないように注意します。一軸圧縮強度の 1/10 程度であれば剛性の変化も僅かなので 1 ステップで与えても良いでしょう。水平力のようにコンクリートに引張力が生じるような荷重を与える場合は，前章で述べたように，一度に多くの要素にひび割れが生じないように荷重増分の大きさをなるべく小さくする必要があります。図 6.4 に示すように，最初の荷重はひび割れ発生前までとして，その後は小さくすると良いでしょう。

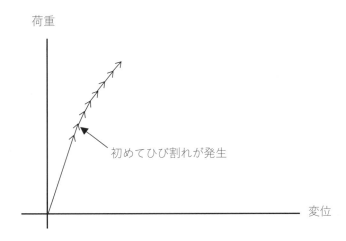

図 6.4　荷重増分の与え方の例

　非線形解析の進行状況は作用荷重と代表点の変位の推移からチェックします。構造物の剛性は荷重の増大と共に低下しますので，剛性の低下に応じて荷重増分の大きさを小

さくする必要があります。強制変位を与えられるプログラムでは剛性が低くなったら荷重増分から変位増分に切り替えると良いでしょう。図 6.5 に示すように，荷重増分あるいは変位増分を常に一定の大きさで与えると剛性の変化に応じた適切な増分になりませんから注意して下さい。

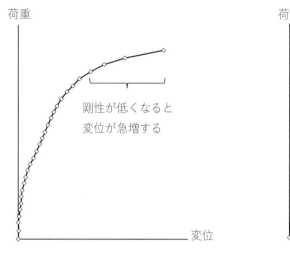

(a) 一定の大きさの荷重増分を与えた場合

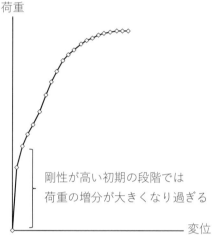

(b) 一定の大きさの変位増分を与えた場合

図 6.5 荷重増分と変位増分の与え方による違い

　複数の節点に分布荷重を与えている場合，強制変位に切り替えると変形を拘束してしまうことがあるので注意が必要です。分布荷重を与えている節点の変位はお互いに独立ですが，それらの節点に強制変位を与えると節点間の自由な動きを拘束することになります。例えば図 6.6 に示すような水平荷重を受ける壁の解析の場合，上部の複数の節点に同一の水平方向強制変位を与えると，その部分は水平方向には伸縮できなくなってしまいます。この部分の断面が大きくて伸縮がほとんど生じない場合は問題ないでしょう。

　図 6.6 に示すような壁の実験を行う場合，上部は破壊しないように断面を大きくしたり，加力用の鉄骨を連結したりします。解析ではこの部分の剛性は十分大きいと見なして，複数の節点の水平方向に同一の強制変位を与えたとします。それは問題ないでしょうか？

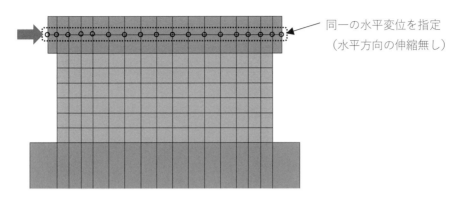

同一の水平変位を指定
（水平方向の伸縮無し）

図 6.6　複数の節点に同一の強制変位を与える場合の注意点

　水平変形が小さい場合は良いのですが，変形量が大きくなると，図 6.7 に示すように上部が傾くことによって水平面に投影した長さは少し短くなります。解析で水平方向に同一の強制変位を与えていると，変形後の投影長さが初期の長さと同じになるように長さを伸ばす力が必要になります。それが強制変位に対応する力に含まれますから，水平方向の荷重は実際より少し大きくなってしまいます。これは部材の背が高いものほど顕著になりますから，片持ち柱の頂部に水平力を与えるような解析では特に注意して下さい。地震時を想定した正負繰返し載荷の解析などではステップ数がかなり多く必要になります。そのような場合，解析を一時停止した後に再開（リスタート）できる機能があるプログラムであれば，一気に最後まで計算するのではなく，途中で解析を中断して，増分の大きさが適切かどうか，破壊がどの程度進行しているのかなど，結果をチェックすると良いでしょう。

上部が傾くことで水平投影長さは少し短くなる

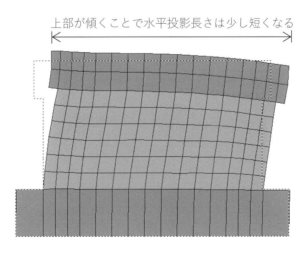

図 6.7　曲げ変形の進行に伴う水平投影長さの変化

破壊の判定

　鉄筋コンクリート構造の非線形解析では，コンクリートのひび割れや圧壊，鉄筋の降伏などが生じた要素が増えてくると収束解を得ることが困難になります。これは，不釣合い力が多くの個所で発生し，それらを再配分しようとしても要素の剛性が低下して力を分担できなくなってくるためです。収束判定条件を厳しくすると解析が進まなくなるため，不釣合い力を次の荷重増分に持ち越して解析を続けることも可能ですが，部材あるいは構造物が耐えられる最大の荷重に達している場合もありますので，その見極めは重要です。図 6.8 は荷重増分を与えた場合と変位増分を与えた場合の荷重～変位関係を比較したものです。変位増分を与えた場合は最大荷重に達した後は荷重が低下しますが，荷重増分を与えた場合は最大荷重に達した後に変位が急増しています。これは変形能力があるのではなく，耐えられる最大の荷重を超えていると判断しなければいけません。僅かな荷重増分に対して過大な変位が生じ，不釣合い力も大きくなった場合には破壊が生じている可能性が高いです。変位増分を与えた場合は最大荷重に到達した後も解析することは可能ですが，荷重低下域の解析結果は要素寸法や変位増分の大きさによってかなり変動します。実験でも最大荷重に達した後は破壊が進行して不安定になるため，載荷装置の剛性や制御方法の影響を受けて，同一の諸元の試験体でも結果がかなり異なることがあります。荷重低下域の解析の信頼性は最大荷重到達前と比較すると低くなることに留意して下さい。

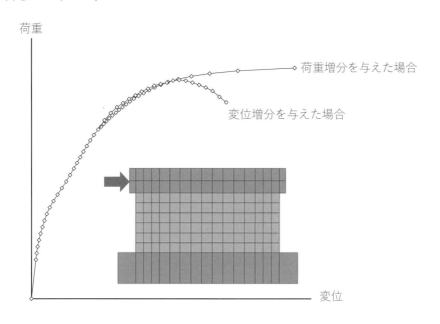

図 6.8　荷重増分を与えた場合と変位増分を与えた場合の荷重～変位関係の比較

ポスト処理

　解析が終了した後に結果を図化したりグラフにしたりすることをポスト処理と呼びます。市販のプログラムにはパソコン上で簡単に変形状態や応力コンターなどが表示できる専用のソフトが用意されています。ポスト処理を行うためには計算結果をファイルに出力しておく必要があります。ポスト処理用のファイルはポストファイルと呼ばれ，テキスト形式ではなくバイナリ形式が一般的です。テキスト形式よりファイルのサイズは小さくなりますが，モデルが大きい場合には解析の全ステップで出力するとパソコンのディスク領域が満杯になってしまうことがあります。

　一方，数字自体も重要な情報です。全ての節点や要素の情報すべてをテキストファイルに出力する必要はありませんが，着目する点を何点か選んで出力しておき，節点の動きや要素の状態をチェックすると良いでしょう。

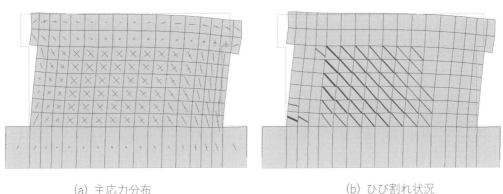

(a) 主応力分布　　　　　　　　　　　　(b) ひび割れ状況

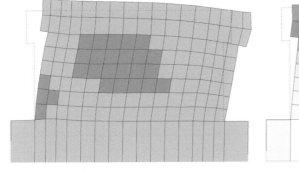
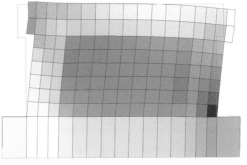

(c) 縦筋の降伏状況　　　　　　　　　　(d) 最小主応力コンター

図 6.9　ポスト処理で図化した例

　ポスト処理で確認する内容としては，変形モード，応力やひずみのコンター，コンクリートのひび割れ状況，鋼材の降伏状況などが挙げられます。ポスト処理ソフトによってはひび割れを表示する機能がないものもあります。その場合は，ひび割れ発生時のひずみはコンクリートの引張強度をヤング係数で除した値が目安になりますので，最大主ひずみのコンターを表示すればひび割れが生じている領域を知ることができます。さらに，主ひずみをベクトル表示すれば最大主ひずみに直交する方向がほぼひび割れの方向と考えて良いでしょう。厳密にはひび割れが生じた直後は最大主ひずみ方向とひび割れ方向は一致しますが，その後，ひび割れ方向に沿ってずれが生じると最大主ひずみ方向とひび割れの方向は異なってきます。

結果の評価

　解析した結果が信頼できるものかどうかを判断するのは解析を行った人の重要な役目です。単純なデータの作成ミスもあれば解析プログラムの不具合（バグ）もあります。解析の精度にも限界がありますから，実験結果とどこまで対応するかは解析対象や荷重条件によっても異なってきます。与えている荷重に対して，変形状態や応力分布，破壊モードなどが不自然になっていないかを判断するためには，構造力学や材料力学の知識に加えて，各種構造形式の外力抵抗メカニズムや破壊パターンなどをある程度知っておく必要があります。構造実験や地震後の被害調査などを通して部材や構造物の損傷や破壊状況を見ておくことは貴重な経験になります。書籍，研究論文，報告書などを通して得る知識も重要です。

　図6.10はある部材の解析において考慮すべき2つの因子が解析結果の荷重〜変位関係に及ぼす影響を示したものです。具体的にはせん断力を受ける鉄筋コンクリート耐震壁の解析で，コンクリートのひび割れ後の圧縮特性の劣化が因子A，ひび割れ後のせん断伝達効果が因子Bです。2つの因子はそれぞれ耐震壁のせん断挙動に対して異なる影響を及ぼします。因子Aと因子Bのどちらか一つを考慮した解析では実験との差が大きいことが分かります。しかし，2つの因子をどちらも考慮しない場合は実験と比較的良好に対応した結果になっていて，2つの因子を両方とも考慮した場合の結果とあまり差が見られませんでした。これはプラスの影響とマイナスの影響が打ち消し合ってしまって荷重〜変形関係が良い結果に見えている例です。実際にこの解析結果を良く調べてみると，コンクリートの破壊状況や鉄筋の降伏状況など，実験結果と対応しない部分があり，あまり良い結果とは言えないものでした。荷重〜変形関係だけで解析結果の良し悪しを判断しないようにして下さい。

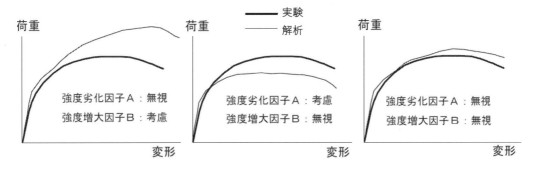

図 6.10　せん断力を受ける鉄筋コンクリート耐震壁の解析結果

　図 6.11 は軸力と水平力を受ける鉄筋コンクリート柱の解析で得られた荷重～変形関係です。2 つの解析結果を示していますが，用いている材料構成則が少し異なっています。解析の精度が良いのはどちらの結果でしょうか？　左の結果は最大荷重までは実験と良好に対応していますが，その後の荷重低下域は差が目立っています。一方，右の結果は最大荷重にはやや差がありますが荷重低下域は実験と良く対応しています。全体的な印象から右の結果の方が良いと思いがちですが，現状の構造解析の精度を考えると左の方が良いと言えます。その理由は，最大荷重以降の解析精度がまだ十分ではないからです。実験においても最大荷重以降の荷重低下域では破壊の進行が速く，制御が難しい面があります。実験装置の特性や載荷速度の影響を受けやすく，同じ試験体で実験しても最大荷重以後の結果が異なることは珍しくありません。解析においても同様で，最大荷重以後（ポストピーク）の結果は要素の寸法や荷重増分の大きさなどの影響を強く受けます。破壊エネルギーの概念を導入してコンクリートの圧縮ひずみ軟化域の形状を決定することで実現象に近い結果が得られるという研究も行われていますので，いずれはポストピーク挙動の解析精度も向上することが期待されます。

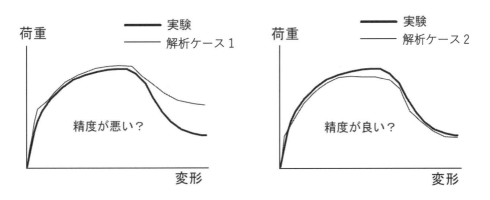

図 6.11　軸力と水平力を受ける鉄筋コンクリート柱の解析結果

〜〜〜〜〜〜〜〜〜〜〜〜〜〜〜〜〜〜〜〜〜〜〜〜〜〜〜〜〜〜〜〜〜〜〜〜〜〜

よもやま話（その６）〜コンピュータにも個性がある

　1990年代には数値解析にスーパーコンピュータやワークステーションが活用されるようになり，パソコンも普及し始めました。解析モデルの規模に合わせて使用する機種を決めていましたが，ある時，全く同じ解析をスーパーコンピュータ，ワークステーション，パソコンの3つで行って，計算速度の違いを調べてみることにしました。当然のことながら速度の差は歴然としていましたが，意外だったのは計算結果が全て少しずつ異なっていたことです。地震時を想定した鉄筋コンクリート耐震壁の正負繰り返し載荷解析で，総ステップ数は1000を超えていました。

　計算を開始した直後は全く同じ結果なのですが，次第に差が生じ始め，荷重と変形の関係をグラフにすると最後の方ではその違いが判別できるほどになりました。

　この原因は中央演算処理装置（CPU）が異なることによる計算精度の違いか，丸め誤差なのか，いまだに分かっていませんが，おそらく解析プログラムの中の条件分岐によるものだと思われます。ある値以上ならAの処理，それ以外はBの処理を行うというようなIF文による分岐が非線形解析では頻繁に使われます。特に材料構成則の中は分岐が多いため，有効桁数の最後の方のわずかな違いによって分岐のタイミングが少し異なり，それが徐々に蓄積されていくのではないかと思います。解析プログラムをコンピュータが実行可能な形に変換するためにはコンパイルという処理を行いますが，その際にいろいろな指定が可能で，「速度優先」とか「精度優先」などを選べます。その指定方法によっても結果が微妙に異なります。速いけどやや正確さに欠ける拙速型，逆に遅いけど正確さでは負けない巧遅型など，人にも当てはまりそうです。

　当時のスーパーコンピュータは演算速度を高速化するためベクトル化処理という手法を用いていましたが，それが原因なのかスーパーコンピュータによる計算は途中からグラフの乱れが目立つことが多かったように記憶しています。ワークステーションはパソコンより速度は速いものの，途中で突然計算を打ち切ってしまうことがあり，内部の発熱による安全装置が作動したらしいということがありました。パソコンは冷却ファンがうなり音を立てながら何日もかかって計算していました。とにかく速さが自慢のスーパーコンピュータ，長い計算は途中で放り投げてしまうワークステーション，遅くても一生懸命に最後まで頑張るパソコンと，コンピュータにも個性があると感じました。

〜〜〜〜〜〜〜〜〜〜〜〜〜〜〜〜〜〜〜〜〜〜〜〜〜〜〜〜〜〜〜〜〜〜〜〜〜〜

7章 解析例

　本章では6つの解析例を紹介します。解析対象のモデル化方法や荷重の与え方の参考にして下さい。いずれの例でも使用している要素は一次の要素で，ひび割れは疑似離散型の非直交分散ひび割れモデル[7.1]です。

　本章の例題の解析結果は下記からダウンロードできます。

http://www.kaneko.archi.kyoto-u.ac.jp/rcfem.zip

　zip形式で圧縮されているため，解凍の上，PCの適当な場所に保存してください。

　これらの結果はオープンプログラムであるParaviewによって，モデル形状，変形状態，ひび割れ分布，ひずみ分布，応力分布を可視化できます。そこで最初にParaviewのインストール方法を説明し，以降の節で各解析例に応じた結果の表示方法を説明します。

　Paraviewおよび結果ファイルは約4.8GBのストレージの空き容量が必要です。またその表示操作のため8GB以上のキャッシュメモリを搭載したハードウェアを使用してください。

　ParaviewはWidows，MacOS，Linuxに対応していますが，本章ではWindows環境を想定して説明します。「paraview」で検索，または「https://www.paraview.org/」を開きます（図7.1）。

図7.1　Paraview ホームページ

画面右上の「Download」（図 7.2）をクリックします。

図 7.2　最新版ダウンロードサイトへのリンク

「Paraview-5.XX.X-RC1-Windows-PythonX.X-msvc20XX-AMD64.msi」（図 7.3）をクリックします。「XX」はバージョンの数字で，頻繁に更新されます。

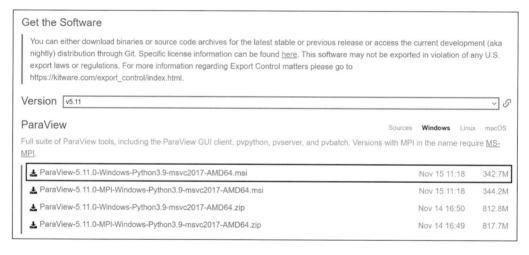

図 7.3　Windows 用 Paraview のインストールファイル

「Paraview-X.XX.X-RC1-Windows-PythonX.X-msvc20XX-AMD64.msi」は Windows の標準設定で「ダウンロード」に保存されます（図 7.4）。ダブルクリックして開始し（図 7.5），すべて標準設定でインストールします。

図 7.4　「ダウンロード」内に保存された Paraview のインストールファイル

図 7.5　Paraview インストール開始

　Paraview はインストールが完了しても起動用アイコンが自動生成されません。少々分かりづらい場所に実行ファイルがあるので，スタートメニューに加えておきましょう。以下のように辿って「bin」というディレクトリを開いて下さい（図 7.6）。

OS(C:)

→　Program Files

→　Paraview-5.XX.X-RC1-Windows-PythonX.X-msvc20XX-AMD64

→　bin

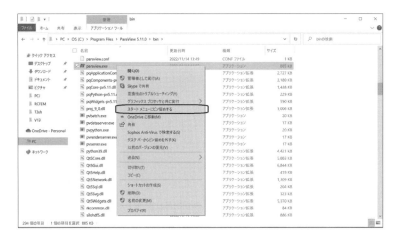

図 7.6　Paraview 実行ファイルの場所

　ここにある Paraview の実行ファイルをスタートメニューにピン留めします（図 7.7）。
これで Windows のスタートメニューに加えられます（図 7.8）。

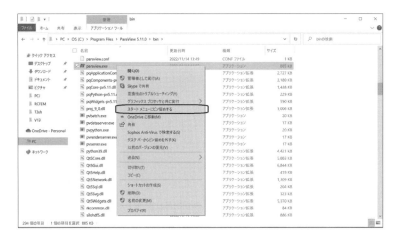

図 7.7　Paraview 実行ファイルをスタートメニューにピン留めする

図 7.8　スタートメニューの Paraview

「Paraview」をクリックします。図 7.9 のような画面が現れれば，正常にインストールできています。

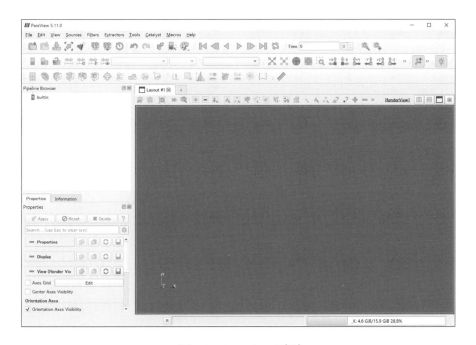

図 7.9　Paraview 画面

　次頁以降の解析には，コンクリート構造物非線形 FEM 解析プログラム FINAL（レンタル元：伊藤忠テクノソリューションズ株式会社）を使用します。

水平力を受ける RC 柱（二次元単調載荷解析）

　図 7.10 に示す鉄筋コンクリートの片持ち柱を解析します。荷重は柱の頂部に水平力を作用させます。帯筋によるコンクリートの拘束効果を考慮するためには三次元でモデル化した方が良いのですが，ここでは簡単のため，平面応力状態を仮定して二次元でモデル化します。解析ケースは主筋（線材鉄筋）の有無，せん断補強筋（分散鉄筋）の有無，主筋の付着すべりの考慮の有無により，下記の 4 つです。表 7.1 に材料定数を示します。

柱 1：無筋（分布鉄筋）

柱 2：主筋あり（線材鉄筋）

柱 3：主筋（線材鉄筋）＋せん断補強筋（分布鉄筋）

柱 4：付着考慮主筋（線材鉄筋＋付着要素）＋せん断補強筋（分布鉄筋）

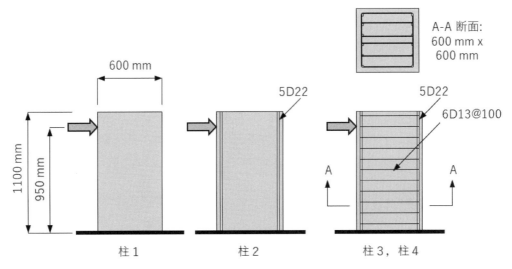

図 7.10　鉄筋コンクリート柱の寸法と配筋

表 7.1　鉄筋コンクリート柱の材料定数

コンクリート	主筋：5D22	せん断補強筋：6D13@100
圧縮強度　　30.0 N/mm² 引張強度　　2.5 N/mm² ヤング係数 　　　　2.53×10⁴ N/mm²	降伏応力　　400 N/mm² ヤング係数 　　　　2.00×10⁵ N/mm² 付着強度　　4.0 N/mm²	降伏応力　　300 N/mm² ヤング係数 　　　　2.00×10⁵ N/mm²

　図 7.11 に要素分割，境界条件を示します。コンクリートは 4 節点の平面応力要素でモデル化します。主筋を線材要素でモデル化するため，成方向は主筋の位置に合わせて 7 分割します。高さ方向は底部から荷重載荷位置までを 8 分割します。モデル底面では節点の変位を水平方向，鉛直方向ともに拘束し，モデル左上の節点に強制変位を与えます。柱 2 では主筋用の線材要素（トラス要素）を加え，柱 3 では四辺形要素内にせん断補強筋を埋込み型の分布鉄筋として追加します。柱 4 では主筋の節点をコンクリートとは別に定義し，四辺形要素と線材要素の間に付着すべりを考慮するための付着要素（4 節点接合要素）を挿入します。使用材料構成則は以下に記載します。

　　　コンクリートの応力～ひずみ曲線：修正 Ahmad モデル[7.2]

　　　二軸応力下のコンクリートの破壊条件：Kupfer-Gerstle の提案[7.3]

　　　コンクリートのひび割れ後の圧縮強度とひずみの低減：考慮[7.4]

　　　テンションスティフニング特性（柱 2,3,4）：出雲らのモデル[7.5]

　　　ひび割れ後のせん断伝達特性：Al-Mahaidi モデル[7.6]

　　　鉄筋の応力～ひずみ関係：bilinear 型（降伏後の剛性は弾性剛性の 1/100）

　水平荷重は強制変位によって与え，1 ステップ当たりの増分を 0.1 mm としますが，荷重増分が 20 kN を超える場合は変位増分を制限します。最終到達ステップは最も変位の小さな柱 1 で 12 ステップ，最も変位の大きな柱 3 で 131 ステップです。5 章第 1 節の(1)で載荷点での局所破壊を防ぐために鋼板を介する方法を紹介しましたが，柱 1 では荷重がかなり小さく，また柱 2～4 では荷重の割に要素内の補強筋量が比較的多いため，簡単に一点載荷としています。

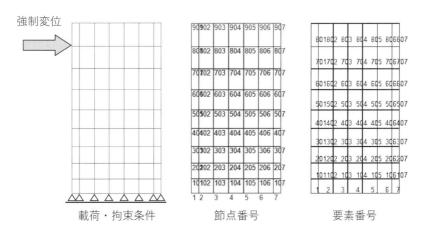

図 7.11　鉄筋コンクリート柱の要素分割と境界条件

110

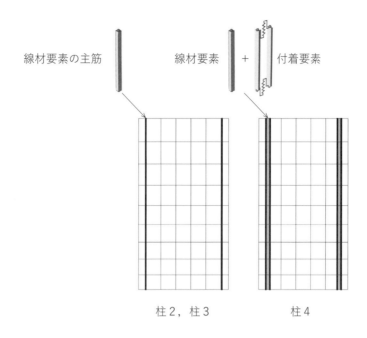

線材要素の主筋 　　　　線材要素 ＋ 付着要素

柱2，柱3　　　　　　　柱4

図 7.11　鉄筋コンクリート柱の要素分割と境界条件（続き）

　図 7.12 に荷重〜水平変位関係を示します。最大荷重，最大荷重時の水平変位とも，柱
1（無筋），柱 2（主筋あり），柱 4（主筋＋せん断補強筋＋付着すべり），柱 3（主筋＋
せん断補強筋）の順に大きくなります。解析は荷重が最大値の 90%に低下した時点で終
了させています。さらに大きな変位まで解析することも可能ですが，最大荷重に到達し
た後は破壊が進行して解析結果の信頼性が低下しますから，荷重低下域の計算は最大荷
重の 80〜90%程度までに留めておくことを推奨します。

　図 7.13 に最大荷重時のひび割れと変形状況を示します。変形は 2 倍に拡大しています。
柱 1 では左下に曲げひび割れが 1 本しか生じないのに対し，柱 2，柱 3，柱 4 では全体に
曲げひび割れとせん断ひび割れが広がります。

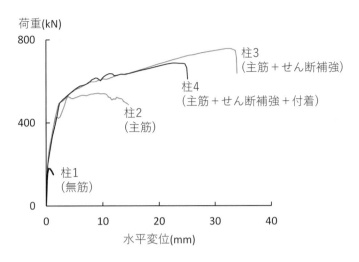

図 7.12　鉄筋コンクリート柱の荷重～水平変位関係の比較

	柱 1	柱 2	柱 3	柱 4
最大荷重 対応変位 ステップ	180.0 kN 0.41 mm 9 ステップ	542.2 kN 9.20 mm 47 ステップ	756.8 kN 33.00 mm 117 ステップ	687.2 kN 22. 85 mm 93 ステップ
最終変位 ステップ	1.27 mm 12 ステップ	14.59 mm 65 ステップ	33.90 mm 131 ステップ	25.09 mm 101 ステップ
最大荷重時 ひび割れ 変形状況				

図 7.13　鉄筋コンクリート柱の計算結果

　図 7.12 に示した荷重―水平変位関係データは，本章冒頭で紹介したダウンロードファイル「rcfem.zip」の中に含まれます。Zip ファイルを解凍後，「ex1」というフォルダを開いて下さい。この中にある「ex1_graph.csv」に荷重～水平変位関係データが記録されています。

図 7.13 の 4 つの柱の変形とひび割れのデータは，「ex1」フォルダの中にある「c1」〜「c4」のそれぞれに格納されており，Paraview によって表示できます。「柱 4」のデータが格納されている「c4」を例にその方法を説明します。

結果を表示する前に「c4」フォルダの中身を見ておきましょう（図 7.14）。このフォルダには，柱 4 の計 101 の解析ステップに対し，合計 405 個のファイルがあります。これらは大きく次の 5 種類に分けられます。

(i) 「ex1_c4.vtm.series」：全体統括ファイル（1 個）
(ii) 「ex1_c4_xxxxx.vtm」：各ステップの統括ファイル（101 個）
(iii) 「ex1_c4_beam_xxxxx.vtu」：線材要素結果ファイル（101 個）
(iv) 「ex1_c4_quad_xxxxx.vtu」：四辺形要素結果ファイル（101 個）
(v) 「ex1_c4_quad_crack_xxxxx.vtm」：四辺形要素ひび割れ結果ファイル（101 個）

上記のように比較的単純なモデルの計算であっても結果出力は大量になります。このため有限要素解析の実施に当たっては十分な記憶容量を確保するとともに，出力内容を極力必要な情報に限定するのが通例です。

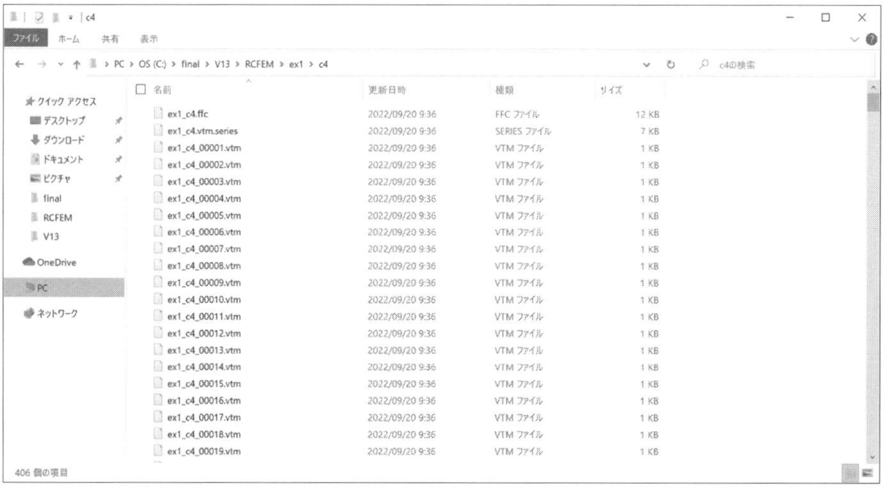

図 7.14　柱 4 の結果ファイル格納フォルダ：「rcfem」→「ex1」→「c4」

本章冒頭に説明した手順で Paraview をインストールした後，起動してください。画面左上のフォルダのアイコンをクリックするか，そのすぐ上の「File」メニューから「Open」を選んでください。

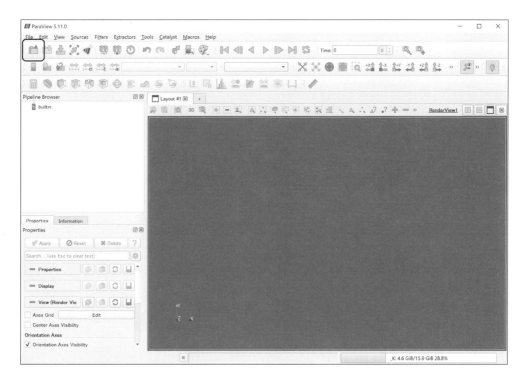

図 7.15　Paraview より結果ファイルを開く

　図 7.17 のファイル選択画面の左の「Filter Favorite」欄から「rcfem」を辿ります。「rcfem」
に辿り着いたら，「ex..」と言う表示の左の三角印「▶」をクリックします。図 7.17 のよ
うに「ex1」〜「ex6」が表示されるので，「ex1」を選択します。「ex1」で「c..」という
表示が出るので（図 7.18），その左の三角印「▶」をクリックします。ここに現れる「c1」
〜「c4」から「c4」をクリックします（図 7.19）。そして「ex1_c4.vtm.series」を選びま
す（図 7.20）。

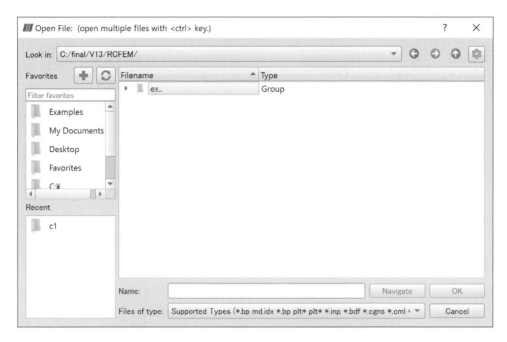

図 7.16　Paraview のファイル選択画面（1/5）

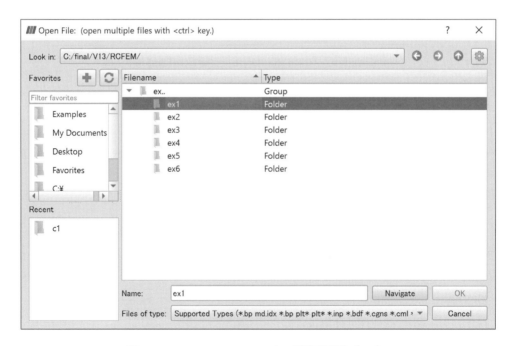

図 7.17　Paraview のファイル選択画面（2/5）

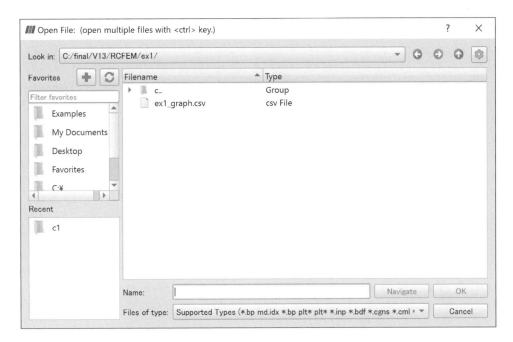

図 7.18　Paraview のファイル選択画面（3/5）

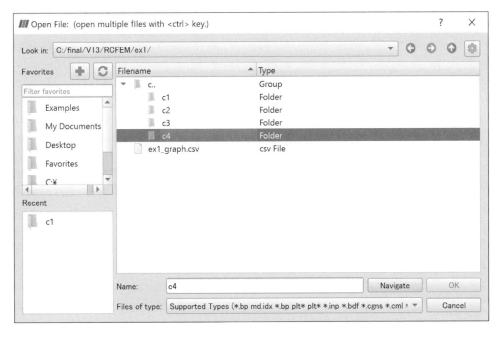

図 7.19　Paraview のファイル選択画面（4/5）

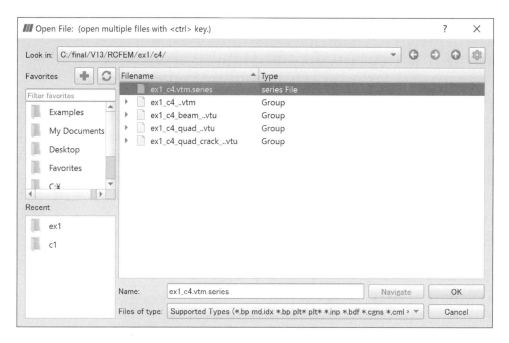

図 7.20 Paraview のファイル選択画面（5/5）

　前述の通り「c4」中には 405 個のファイルがありますが, 統括ファイル「ex1_c4.vtm.series」のみを読み込むことで, 全ファイルの情報が取得され, 図 7.21 のように表示されます。

　画面左なかほどの「Apply」をクリックすると, モデル図が表示されます（図 7.22）。柱に二本の主筋が配された図が表示されますが, 標準配色では見づらい場合があるかもしれません。その場合は, 画面左の「Properties」欄にあるスクロールバーを中ほどまで下げ, 「Choose present」というボタンを選択します（図 7.23）。配色設定画面が現れるので, 好みの配色を選びます。ここでは最も下方にある「BlueObeliskElements」とします（図 7.24）。画面右の「Apply」をクリックし, 「Close」します。図 7.25 が配色変更後のモデル図となります。

　画面上の中ほどの Play ボタン「▶」を押すとひび割れの進展がアニメーション表示されます（図 7.25）。

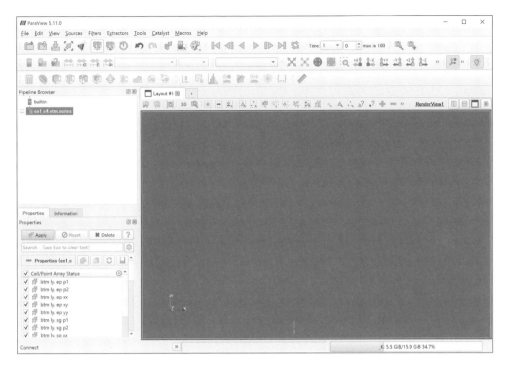

図 7.21　Paraview におけるファイル読み込み完了状態

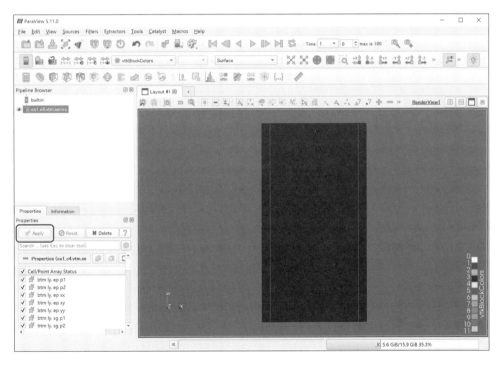

図 7.22　Paraview におけるモデル図表示

118

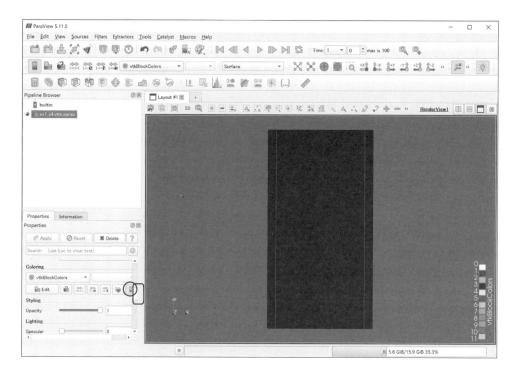

図 7.23　Paraview に配色設定操作

図 7.24　配色設定画面

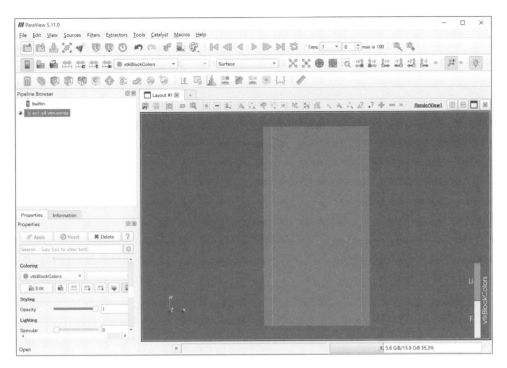

図 7.25　配色変更後のモデル図表示

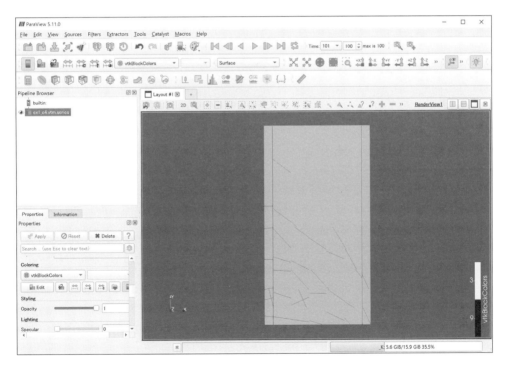

図 7.26　ひび割れ進展のアニメーション表示

　図 7.26 には無変形状態のモデル図の上に同一色でひび割れを描画していますが，前に示した図 7.13 では変形状態とひび割れ幅が分かるように示しています。この表示方法を次に説明します。

　Paraview では解析結果の各種情報を抽出して表示する機能を「フィルター」と呼んでいます。フィルターには非常に多くの種類がありますが，特によく使われるものがアイコン化されて操作画面上方に並んでいます。ここでは「Extract Block」というアイコン（図7.27）をクリックします。アイコンが見つからない場合は，画面上部のメニュー一覧から「Filters」→「Alphabetical」→「Extract Block」を選んでください。次いで画面左に表示される「Properties」の中の「Blocks」欄にある「quad_crack」にチェックを入れ，「Apply」ボタンをクリックしてください（図 7.28）。

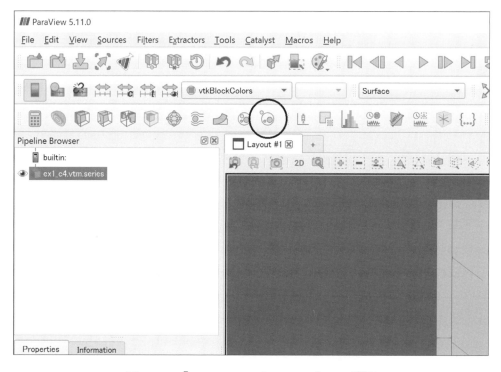

図 7.27　「Extract Block」フィルターの適用

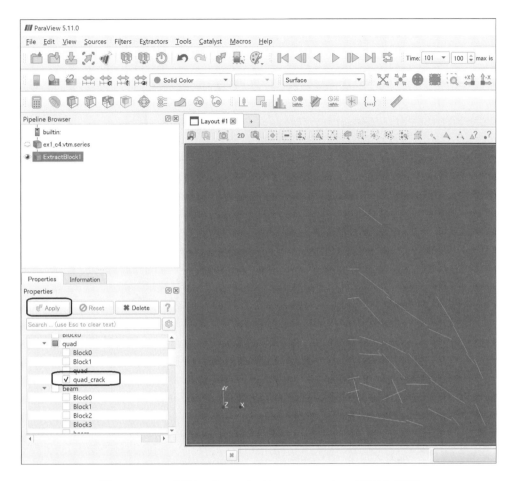

図 7.28　ひび割れブロック「quad_crack」の選択と適用

　次に「Blocks」欄のスライダーを下にスライドして，「Coloring」→「Solid Color」を選択し，ドロップダウンリストから「crack width」を選びます。するとひび割れの線分のみが中央の画面に現れます（図 7.30）。標準配色ではひび割れ幅がおおきくなるにつれ青から赤へのグラデーションで表示されます。ここではより分かりやすくするため，白から黒へのグレースケールに変更します。「Coloring」欄の「Choose present」アイコンをクリックしてください。配色選択画面が現れるので，「X Ray」を選び（図 7.31），「Apply」→「close」へ進みます。

図 7.29　ひび割れ幅表示の適用

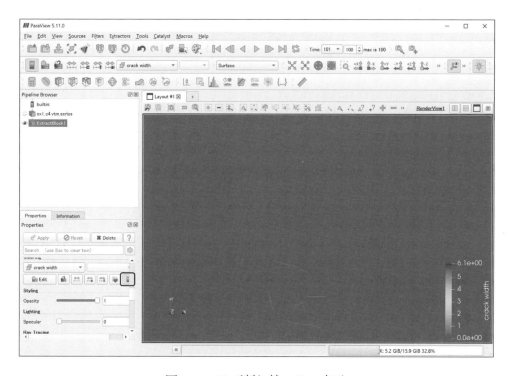

図 7.30　ひび割れ線のみの表示

図 7.31　ひび割れ配色選択画面

　「Blocks」欄のスライダーを上にスライドして，チェック欄すべてにチェックを入れ，「Apply」ボタンを押してください（図 7.32）。モデル図とひび割れ幅が重ねて表示されます（図 7.33）。ここからさらに変形も重ねて表示させます。「Wrap by Vector」アイコン（図 7.33）をクリックしてください。アイコンが見つからない場合は，画面上部のメニュー一覧から「Filters」→「Alphabetical」→「Wrap by Vector」を選んでください。そして画面左の「Scale Factor」の値を調整します。標準では「1」ですが，ここでは変形を誇張させるため「5」とします（図 7.34）。「Apply」ボタンを押します。

　ひび割れ幅が変消したモデル図の上に表示されます（図 7.35）。ここでも画面上の中ほどの Play ボタン「▶」や「◀」を押すとひび割れの進展が順送りや逆送りでアニメーション表示できます。

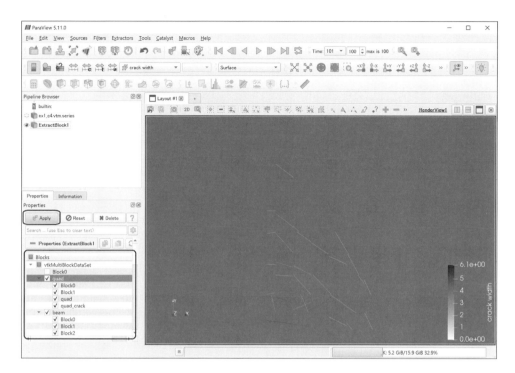

図 7.32　ひび割れ配色選択画面

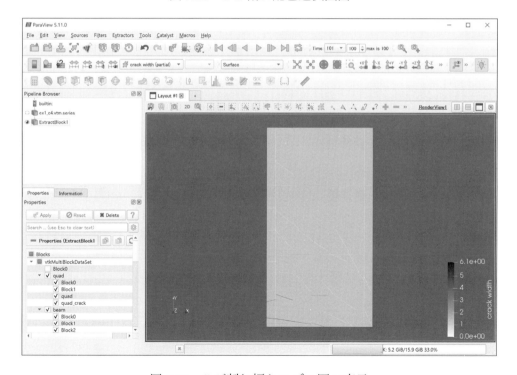

図 7.33　ひび割れ幅とモデル図の表示

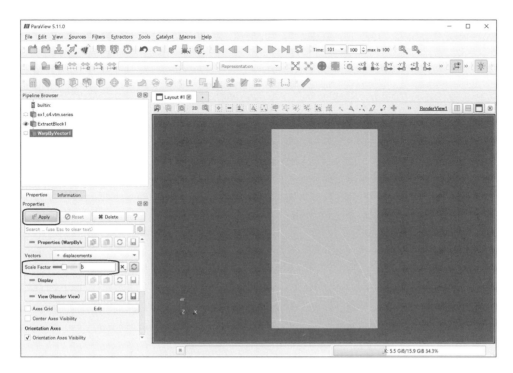

図 7.34　変形表示の選択とスケールの設定

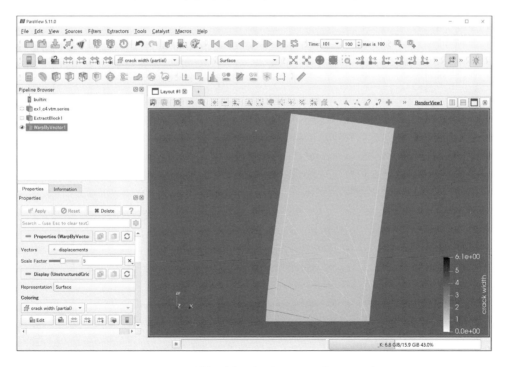

図 7.35　ひび割れ幅と変形したモデル図の表示

水平力を受ける RC 立体壁（三次元正負繰返し載荷解析）

図 7.36 に示す H 型断面を有する鉄筋コンクリート立体壁に水平力を正負繰り返しで載荷する解析を行います。基礎スラブが全体の挙動に及ぼす影響は小さいため，基礎スラブ上端で固定とし，ウェブ壁厚の中心面での対称条件により全体の 1/2 を解析対象とします。

図 7.37 に有限要素モデルを示します。コンクリートは四辺形要素でモデル化し，ウェブ壁部分を 50 要素でモデル化しています（図 3.17 参照）。フランジ壁はウェブ壁と要素の大きさが同程度になるように分割します。曲げを受けるフランジ壁は積層シェル要素で厚さ方向は 10 層に分割します。ウェブ壁は曲げを受けないため平面応力要素とします。加力スラブはフランジ壁とウェブ壁の壁厚を 600mm に増厚して考慮します。壁筋は縦筋，横筋ともに配筋方向のみに剛性を有する鉄筋層でモデル化し，壁の厚さ方向の所定の位置に配置します。フランジ壁では縦筋と横筋が各 2 層，ウェブ壁は厚さ方向の 1/2 を解析対象としているため縦筋と横筋はそれぞれ 1 層です。

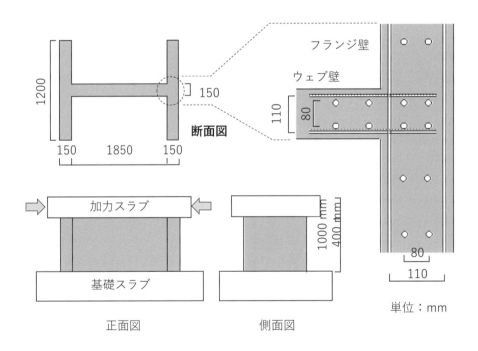

図 7.36 鉄筋コンクリート立体壁の寸法と配筋

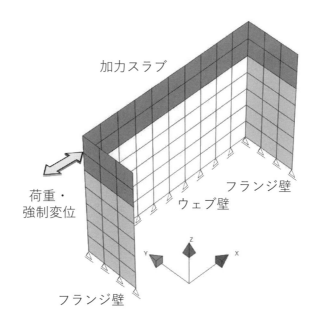

図 7.37　鉄筋コンクリート立体壁の有限要素モデル

表 7.2 に材料定数を示します。使用した材料構成則は以下の通りです。

　　コンクリートの応力〜ひずみ曲線：修正 Ahmad モデル [7.2)]
　　二軸応力下のコンクリートの破壊条件：Kupfer-Gerstle の提案 [7.3)]
　　コンクリートのひび割れ後の圧縮強度とひずみの低減：考慮 [7.4)]
　　テンションスティフニング特性：長沼・山口のモデル [7.7)]
　　ひび割れ後のせん断伝達特性：長沼の提案モデル [7.4)]
　　鉄筋の応力〜ひずみ関係：bilinear 型（降伏後の剛性は弾性剛性の 1/100）

　正方向載荷は左側ウェブ壁節点，次に正方向荷重を除荷して（荷重をゼロにして）から，右側ウェブ壁節点から負方向に載荷します。最初の 1 サイクルは水平力 ±400kN（全体では±800kN）の節点荷重を 1 ステップ当たり 20 kN ずつ加えて 80 ステップまで進めます。次いで強制変位に切り替え，1 ステップ当たり 0.025 mm の増分とし，300 ステップまで解析します。図 7.38 に荷重〜変位関係を示します。このデータは「rcfem」フォルダの「ex2」の中に「ex2_graph.csv」として保管されています。また図 7.39 にひび割れ・変形状況を示します。

128

表 7.2　鉄筋コンクリート立体壁の材料定数

コンクリート	フランジ壁鉄筋 D10	ウェブ壁鉄筋 D10
圧縮強度　41.0 N/mm² 引張強度　2.0 N/mm² ヤング係数 　　2.55×104 N/mm²	降伏応力　421 N/mm² ヤング係数 　　1.86×105 N/mm² 縦筋　0.330%（片側） 横筋　0.285%（片側）	降伏応力　421 N/mm² ヤング係数 　　1.86×105 N/mm² 縦筋　0.570%（片側） 横筋　0.570%(片側）

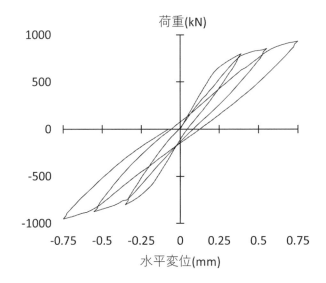

図 7.38　鉄筋コンクリート立体壁の荷重〜変位関係

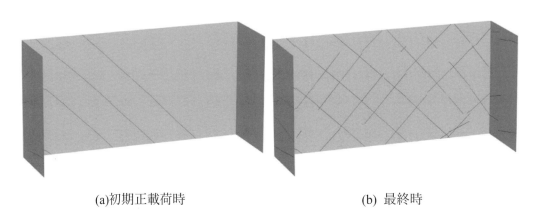

(a)初期正載荷時　　　　　　　　　(b) 最終時

図 7.39　鉄筋コンクリート立体壁のひび割れ・変形状況（加力スラブを除く）

　立体壁の性能を評価する上で，コンクリート内に生じる圧縮ストラットの可視化が有用です。そこで Paraview を使って主圧縮応力分布を表示してみます。

　前節などの他の解析結果から続けて本例題に進んだ場合は，前のモデルの表示をリセットします。Paraview 画面上部の「Reset Session」アイコンを押すか，上部メニューの「Edit」→「Reset Session」を選んでください（図 7.40）。

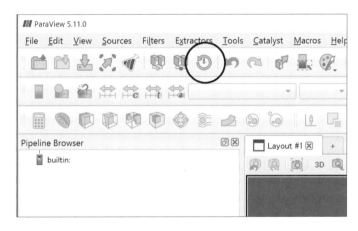

図 7.40　表示のリセット

　次に本節の立体壁の結果ファイルを開きます。画面左上のフォルダのアイコンをクリックするか，そのすぐ上の「File」メニューから「Open」を選んでください。ここで現れるファイル選択画面の左の「Filter Favorite」欄から「rcfem」を辿ります。「rcfem」に辿り着いたら，「ex..」と言う表示の左の三角印「▶」をクリックします。「ex1」〜「ex6」の中から「ex2」を選び，「ex2.vtm.series」をクリックします（図 7.41）。画面左の「Apply」ボタンを押し，立体壁のモデルを表示させます（図 7.42）。初期画面では XY 平面上に三次元の立体壁モデルが表示されます。モデル上でマウスをドラッグし，見やすい方向に視点を調整します（図 7.43）。

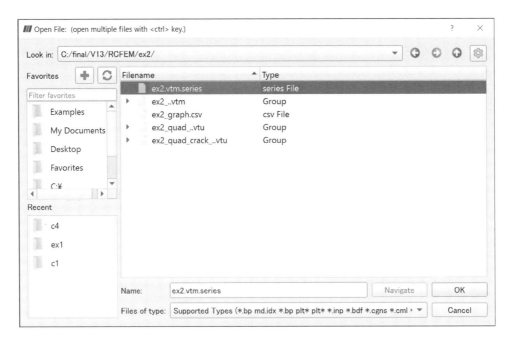

図 7.41　Paraview より立体壁の結果ファイルを開く

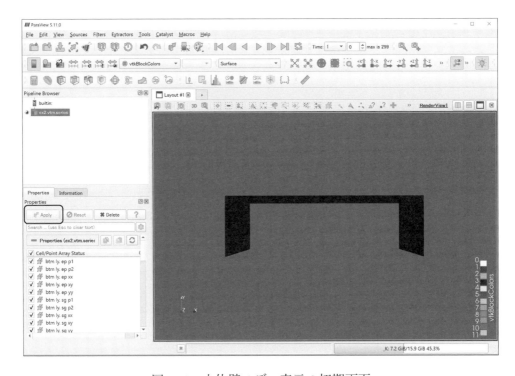

図 7.42　立体壁モデル表示の初期画面

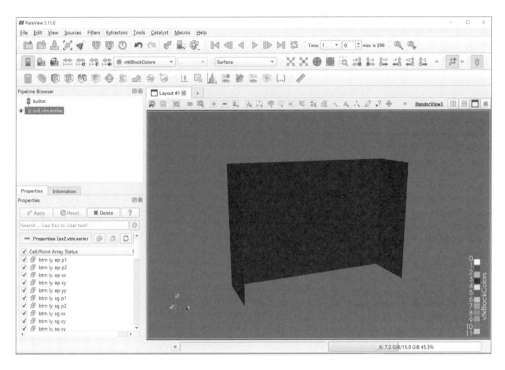

図 7.43　視点調整後の立体壁モデル表示

　応力表示に先立ち，変形状態を重ねておきましょう。画面上部「Wrap by Vector」アイコン（図 7.29）をクリックするか，画面上部のメニュー一覧から「Filters」→「Alphabetical」→「Wrap by Vector」を選んでください。次いで画面左の「Scale Factor」の値を調整します。立体壁は変形が小さいため，ここでは「100」として「Apply」ボタンを押します。

　そして「Properties」欄の「Coloring」の「VtkBlockColors」と表示されているドロップダウンリストを選択します（図 7.44）。リストの中から「btm ly. sg p2 (partial)」を選択します（図 7.45）。「btm ly. sg p2」とは「シェル要素の最下層の第二主応力（＝最小主応力＝圧縮主応力）」を意味します。この操作により最小主応力が青と赤のグラデーションで表示されますが，この状態では不完全な表示となるため，配色を調整します。画面上部の「Edit Color Mpa」アイコンを選ぶか，「Coloring」の下の「Edit」を選んでください（図 7.46）。

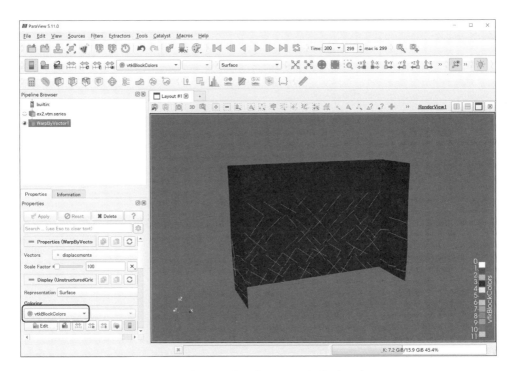

図 7.44　変形を重ね合わせた立体壁の表示

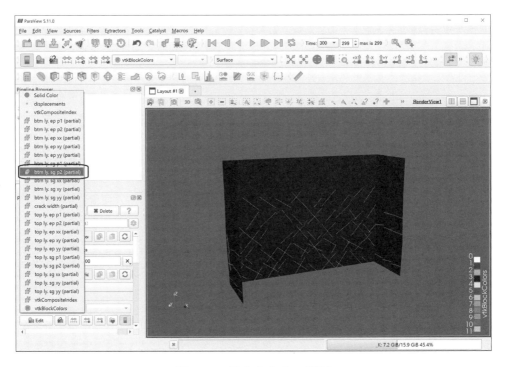

図 7.45　最小主応力の選択

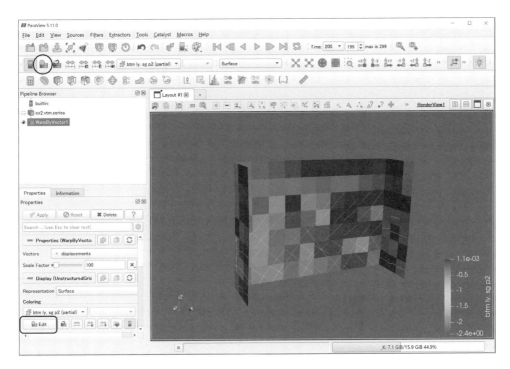

図 7.46　立体壁の最小主応力（圧縮主応力）の表示

　画面右にグラデーション調節画面（図 7.47）が現れますので，「Rescale to data range overall timesteps」というアイコンをクリックしてください。同じアイコンは，画面上部にもあります。確認画面が現れたら，「Rescale」ボタンを押してください（図 7.48）。これにより応力表示グラデーションの最大値・最小値が全解析ステップの最大値 1.5 N/mm^2 と最小値-7.4 N/mm^2 に一致させられます。

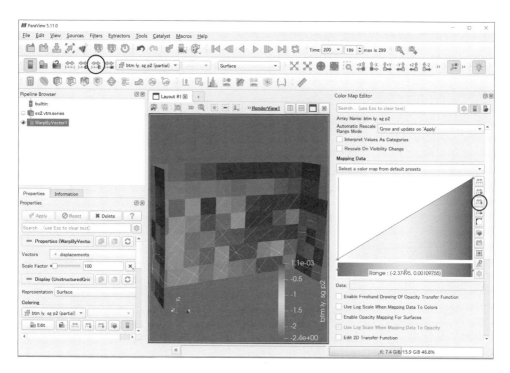

図 7.47　応力配色の調整（スケール調整）

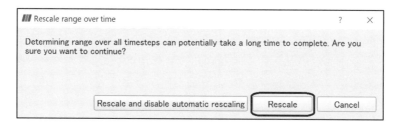

図 7.48　配色スケール調整確認画面

　次に色を変更します。標準では青と赤のグラデーションですが，圧縮ストラットを強調する上では，負の応力，すなわち圧縮応力を濃い色で表示したいところです。「Select a color map from default presets」というドロップダウンリストから「Bkack Blue and White」を選びます（図 7.49）。その表示例を図 7.50 に示します。

　図 7.50 は圧縮ストラットの形成が顕著となる 270 ステップの状況を示しています。中央の壁の右下から左上にかけて色の濃いストラット領域が見て取れます。

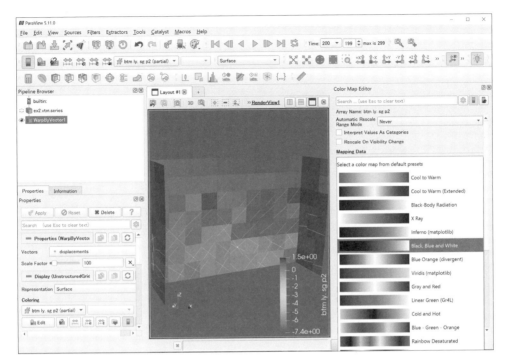

図 7.49 応力配色の調整（色の種類の選択）

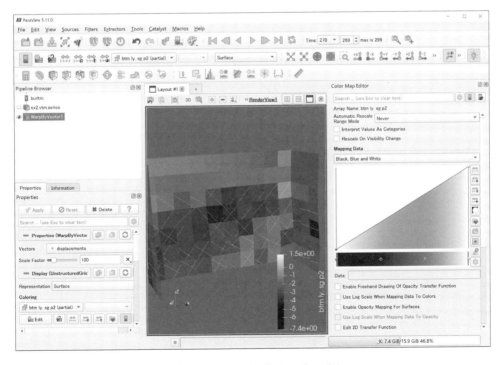

図 7.50 主圧縮応力の表示例

ここではシェル要素の最下層の主圧縮応力を表示しましたが，これ以外にも下記の 20 種類の情報の表示が可能です。

表 7.3　Paraview によって表示可能なシェル要素の情報

シェル要素最下層		シェル要素最上層	
応力	ひずみ	応力	ひずみ
最大主応力	最大主ひずみ	最大主応力	最大主ひずみ
最小主応力	最小主ひずみ	最小主応力	最小主ひずみ
局所座標 X 方向応力	局所座標 X 方向ひずみ	局所座標 X 方向応力	局所座標 X 方向ひずみ
局所座標 Y 方向応力	局所座標 Y 方向ひずみ	局所座標 Y 方向応力	局所座標 Y 方向ひずみ
面外方向応力	面外方向ひずみ	面外方向応力	面外方向ひずみ

鉛直荷重を受ける RC 梁（三次元単調載荷解析）

図 7.51 に示す鉄筋コンクリート梁は建築・土木系の学校の構造実験でよく用いられるもので，これを図 7.52 に示す三次元モデルで解析します。梁は二次元モデルによる平面応力解析とすることもありますが，この例ではせん断補強筋によるコンクリートの拘束効果を考慮できるように三次元でモデル化します。また，梁の形状と荷重はスパン中央位置で対称なのでスパン方向の 1/2 を解析対象とすることも可能ですが，この例では実際の試験体と比較しやすいように梁全体を解析対象とします。コンクリートは六面体要素，鉄筋は線材要素（トラス要素）でモデル化します。梁成方向は主筋の位置に合わせて 8 分割，梁幅方向も同様に主筋の位置に合わせて 4 分割，鉄筋とコンクリートの間の付着すべりは考慮せず，完全付着を仮定します。材料定数を表 7.4 に示します。使用した材料構成則は以下の通りです。

コンクリートの応力〜ひずみ曲線：修正 Ahmad モデル [7.2]

三軸応力下のコンクリートの破壊条件：Ottosen の 4 パラメータモデル [7.8]

コンクリートのひび割れ後の圧縮強度とひずみの低減：考慮 [7.4]

テンションスティフニング特性：長沼・山口のモデル [7.7]

ひび割れ後のせん断伝達特性：長沼の提案モデル [7.4]

鉄筋の応力〜ひずみ関係：bilinear 型（降伏後の剛性は弾性剛性の 1/100）

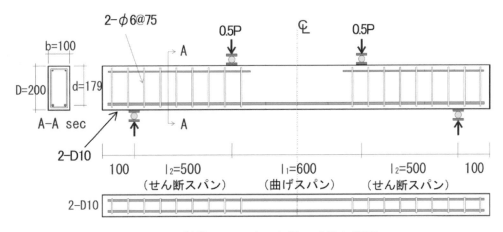

図 7.51　鉄筋コンクリート梁の寸法と配筋

表 7.4　鉄筋コンクリート梁の材料定数

コンクリート	主筋 2D10	せん断補強筋 2 ϕ 6@75
圧縮強度　　31.9 N/mm^2 引張強度　　2.3 N/mm^2 ヤング係数 　　　　2.56×10^4 N/mm^2	降伏応力　　362 N/mm^2 ヤング係数 　　　　1.92×10^5 N/mm^2	降伏応力　　270 N/mm^2 ヤング係数 　　　　1.80×10^5 N/mm^2

　鉛直荷重は梁の上面の 10 の節点に分布させ，1 ステップ当たり 0.1 mm の強制変位増分で 100 ステップまで解析します。荷重増分が 20 kN を超える場合は変位増分を制限します。荷重〜中央たわみ関係を図 7.53 に，実験と解析のひび割れ・変形状況の比較を図 7.54 に示します。ひび割れの発生により剛性が低下した後，主筋が降伏してたわみが増加する挙動が解析で再現されています。

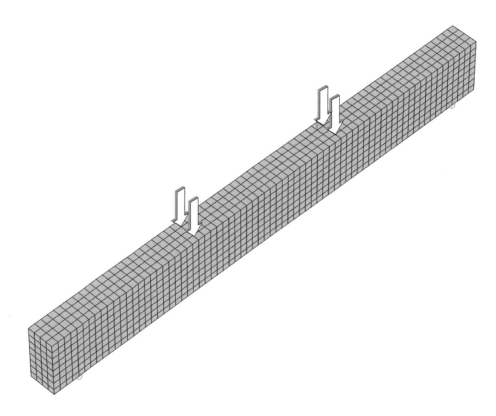

図 7.52　鉄筋コンクリート梁の要素分割

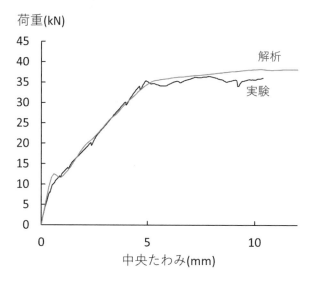

図 7.53　鉄筋コンクリート梁の荷重〜たわみ関係

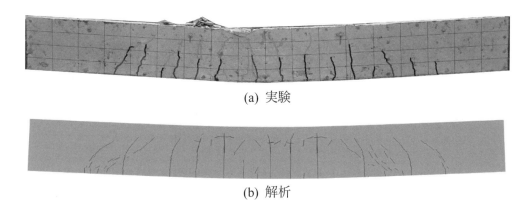

(a) 実験

(b) 解析

図 7.54　鉄筋コンクリート梁のひび割れ・変形状況の実験と解析の比較

　この梁の解析結果を Paraview で見てみましょう。画面上部の「Reset Session」アイコンを押すか，上部メニューの「Edit」→「Reset Session」を選んでリセットください。「File」メニュー→「Open」→ファイル選択画面の左の「Filter Favorite」欄→「rcfem」→「ex3」と辿り，「ex3.vtm.series」をクリックして，画面左の「Apply」ボタンを押し，梁のモデルを表示させ，見やすい視点に調整します（図 7.55）。

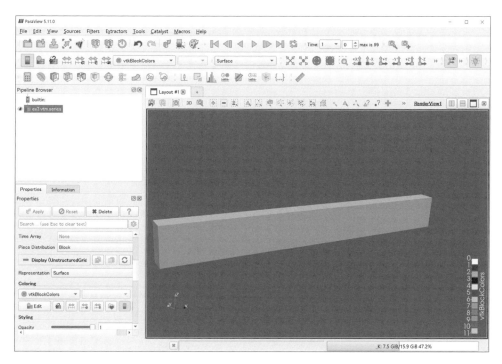

図 7.55　三次元梁の初期表示

ここで要素分割を確認するため，画面左の「properties」欄を下にスクロールし，「Representation」ドロップダウンリストをクリックし，「Surface」から「Surface With Edges」に変更します（図7.56）．図7.57のように要素分割が表示されます．

図 7.56　要素境界線表示の選択

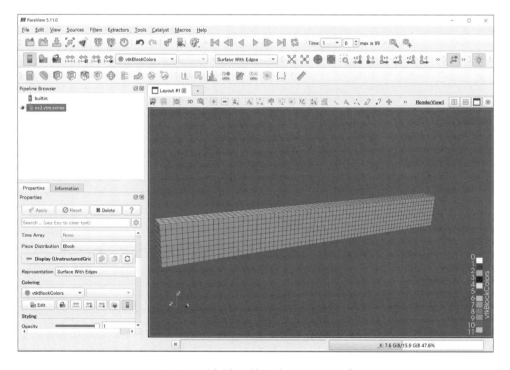

図 7.57　要素境界線を表示したモデル

　次にモデル内の主筋を表示してみます。「Representation」ドロップダウンリストをク
リックし、「Surface With Edges」から「Surface」に戻します。その下の「Styling」の「Opacity」
を「0.5」と入力します。モデルが透過表示され（図 7.58），上下主筋をモデル化した線
材が見えるようになります。なおせん断補強筋は，六面体コンクリート要素内の埋め込
み鉄筋としてモデル化しているため表示されません。

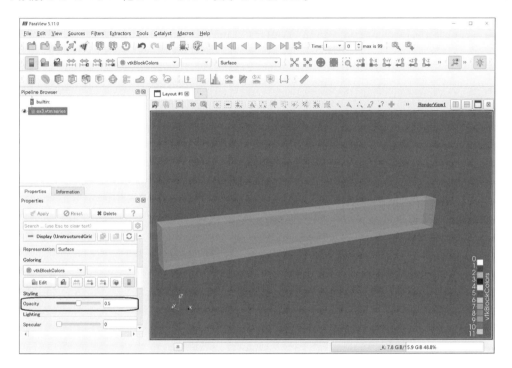

図 7.58　透過表示したモデル

　次にひび割れ幅とたわみを可視化します。「Extract Blocks」アイコンをクリックし
（図 7.59），「Properties」欄の「Blocks」リストの「hexa_crack」にチェックを入れ，「Apply」
します。

図 7.59　「Extract Block」フィルターの適用

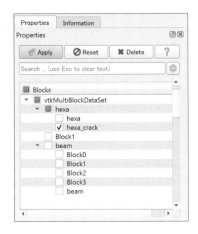

図 7.60 「Blocks」の「hexa_crack」にチェック

ここでモデル図の画面が空白に変わりますが，画面上部の Play ボタン「▶」を押すと
ひび割れ進展がアニメーション表示されます（図 7.61）。このひび割れ面を開口幅に応
じたグラデーションとします。「Properties」欄の「Coloring」の「crack width」を選択し
てください（図 7.62）。

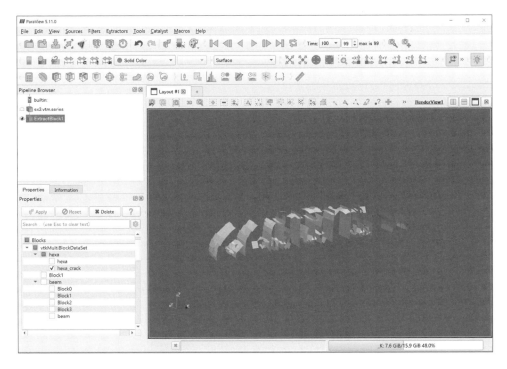

図 7.61 ひび割れのみの表示

図 7.62 「Coloring」の「crack width」を選択

　標準配色では青から赤へのグラデーションとなるので，「Edit」で配色画面を出し，「X Ray」を適用してグレースケールとします（図 7.63）。「Rescale to data rage over all timesteps」でスケール調整し（図 7.64），「Blocks」リストのすべてにチェックを入れ（図 7.65），「Apply」すると，モデル図と重ねて表示されます。これに変形を重ねるため，「Wrap by Vector」フィルターを適用します（図 7.66）。「Scale Factor」を「10」とし，「Apply」ます（図 7.67）。画面上部の Play ボタン「◀」「▶」でアニメーション表示できます。

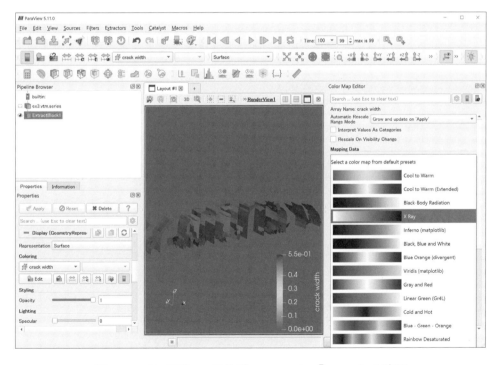

図 7.63 ひび割れのグラデーションに「X Ray」を適用

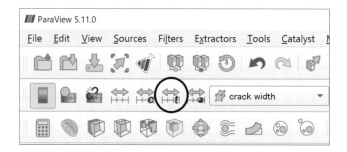

図 7.64 「Rescale to data rage over all timesteps」でスケール調整

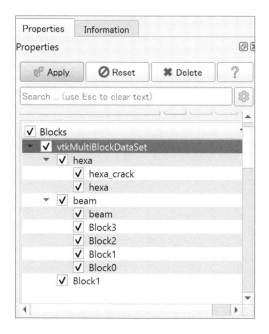

図 7.65 「Blocks」リストのすべてにチェックを入れる

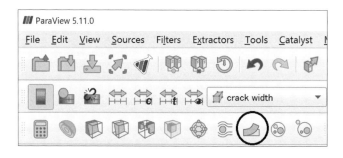

図 7.66 「Wrap by Vector」フィルターの適用

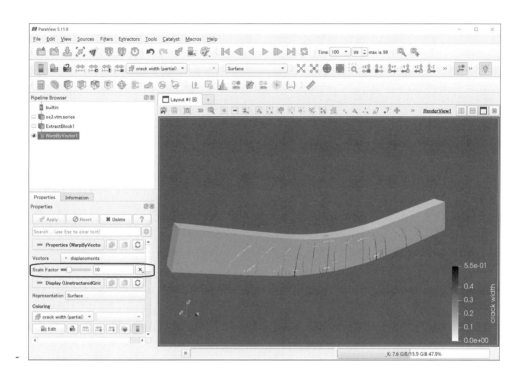

図 7.67　ひび割れ幅と変形の表示

　この図に最小主応力(最大圧縮主応力)を重ねてみます。「Coloring」から「sg p3 (partial)」を選びます（図 7.68）。圧縮応力を濃い色で表示するため，「Edit Color Map」で配色画面を出し，「Black, Blue and White」を適用します（図 7.69）。梁上端のコンクリートに圧縮力が集中する様子が表示されます。

146

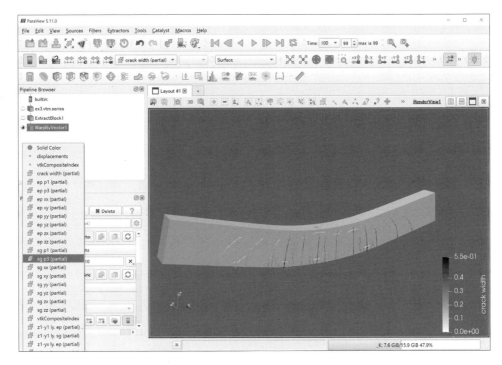

図 7.68　最小主応力を選択

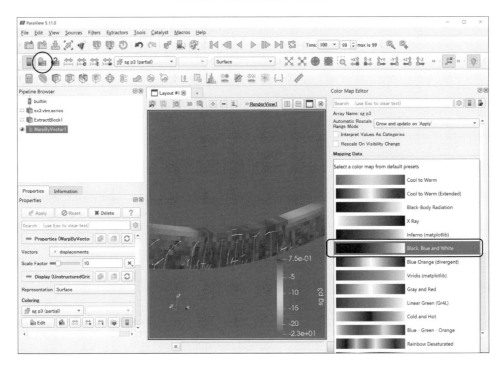

図 7.69　最小主応力コンター表示

六面体要素のモデルでは，表 7.5 に示す 18 種類の情報が表示できます。

表 7.5　Paraview によって表示可能な六面体要素の情報

応力	ひずみ
第一（最大）主応力	第一（最大）主ひずみ
第二主応力	第二主応ひずみ
第三（最小）主応力	第三（最小）主ひずみ
局所座標 X 方向応力	局所座標 X 方向ひずみ
局所座標 Y 方向応力	局所座標 Y 方向ひずみ
局所座標 Z 方向応力	局所座標 Z 方向ひずみ
局所座標 XY 平面せん断応力	局所座標 XY 平面せん断ひずみ
局所座標 YZ 平面せん断応力	局所座標 YZ 平面せん断ひずみ
局所座標 ZX 平面せん断応力	局所座標 ZX 平面せん断ひずみ

なお図 7.53 に示した実験と解析の荷重〜たわみ関係は，「ex3_graph.csv」に格納しています。

地震力を受ける RC 架構（二次元静的・動的解析）

図 7.70 に示す中層鉄筋コンクリート建物の最下層の 1 スパン分を二次元モデル化し，静的水平載荷，2 種類の地震加速度を用いた時刻歴応答解析，および免振装置や制振ダンパーによる耐震補強の効果も確認します。モデル化部分の寸法と配筋を図 7.71 に，免振装置や制振ダンパーを含むモデルの要素分割と種類を図 7.72 に，材料定数を表 7.6 に示します。コンクリートは四辺形平面応力要素，柱と梁の主筋は線材要素（トラス要素），せん断補強筋は分布鉄筋として四辺形要素に埋め込みます。鉄筋とコンクリートの間の付着すべりは考慮せず，完全付着を仮定します。

表 7.7 の要素種類の諸元には，材質，厚さ，X および Y 方向分布鉄筋比に加え，単位体積重量を記載しています。これは時刻歴応答解析に必要な数値で，コンクリートや鋼の単位体積重量を N/mm^3 単位で示しています。一方，要素種類 6 は両側柱に軸力を作用させるため，6.00×10^{-2} N/mm^3 という非常に大きい仮想的な単位体積重量を設定しています。

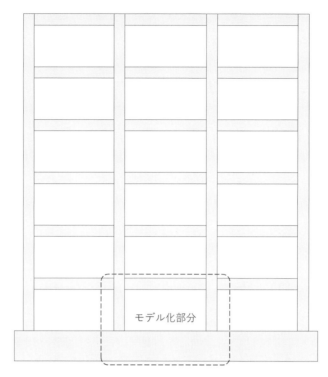

図 7.70 鉄筋コンクリート架構の解析対象領域

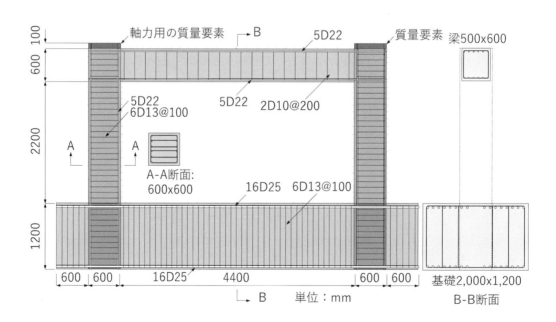

図 7.71 鉄筋コンクリート架構の寸法と配筋

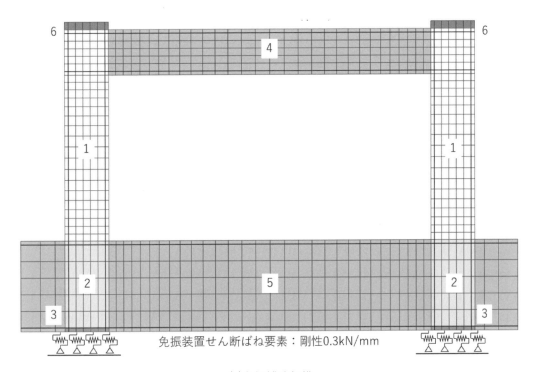

(a)免振補強架構

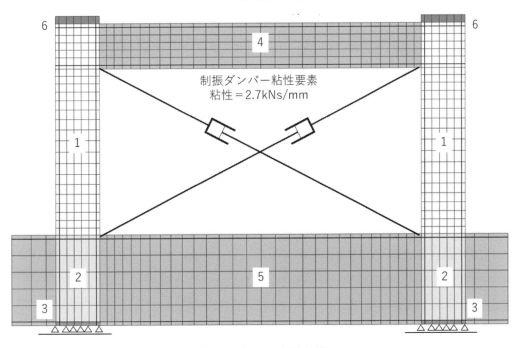

(b)制振ダンパー補強架構

図 7.72　鉄筋コンクリート架構の要素分割（数字は要素種類の番号）

表 7.6　鉄筋コンクリート架構の材料定数

コンクリート	柱・梁主筋 D22	せん断補強筋　D13
圧縮強度　　30.0 N/mm² 引張強度　　2.5 N/mm² ヤング係数 　　　　2.53×10⁴ N/mm²	降伏応力　　400 N/mm² ヤング係数 　　　2.0×10⁵ N/mm²	降伏応力　　300 N/mm² ヤング係数 　　　2.0×10⁵ N/mm²

表 7.7　鉄筋コンクリート架構の要素種類と諸元

要素種類番号	1	2	3	4	5	6
部材	柱	基礎・柱 接合	基礎・ 免振装置 接合	梁	基礎	軸力用 質量
材質	RC	RC	鋼	RC	RC	仮想材質
厚さ(mm)	600	2000	2000	500	2000	600
X 方向分布 鉄筋比(%)	1.33	0.40	--	--	--	--
Y 方向分布 鉄筋比(%)	--	--	--	0.14	0.40	--
単位体積重量 (N/mm³)	$2.35×10^{-5}$	$2.35×10^{-5}$	$7.64×10^{-5}$	$2.35×10^{-5}$	$2.35×10^{-5}$	$6.00×10^{-2}$

使用した材料構成則は以下の通りです。

コンクリートの応力〜ひずみ曲線：修正 Ahmad モデル[7.2]

三軸応力下のコンクリートの破壊条件：Ottosen の 4 パラメータモデル[7.8]

コンクリートのひび割れ後の圧縮強度とひずみの低減：考慮[7.4]

テンションスティフニング特性（柱 2,3,4）：出雲らのモデル[7.5]

ひび割れ後のせん断伝達特性：長沼の提案モデル[7.4]

鉄筋の応力〜ひずみ関係：bilinear 型（降伏後の剛性は弾性剛性の 1/100）

　解析は最初の 2 ステップで鉛直下向きに重力加速度 9800 mm/s² を入力し，自重と軸力を作用させます。その後，架構の左側から右側へ向けて一方向単調載荷で 1 ステップ当たり 0.625mm の強制変位増分で 200 ステップまで解析します。

荷重～層間変形角関係を図 7.73 に，最大荷重時のひび割れ・変形状況を図 7.74 に示します。

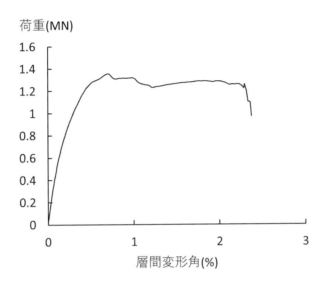

図 7.73　鉄筋コンクリート架構の荷重～層間変形角関係（無補強）

図 7.74　鉄筋コンクリート架構のひび割れと変形状況（無補強：最大荷重時）

時刻歴応答解析では減衰マトリクス[C]を設定する必要があります。ここでは Rayleigh 減衰を用いて，内部粘性減衰[C]を次式で定義します。

$$[C] = c_1 [M] + c_2 [K] \tag{7.1}$$

ここに，

[M]＝質量マトリクス

[K]＝剛性マトリクス

内部粘性減衰を初期剛性にのみ比例させることにより，安定的な時刻歴応答解析が可能となります。本解析例では1%の初期剛性比例減衰を仮定し，係数c_1とc_2を次式により与えます。

$$c_1 = 0 \tag{7.2}$$

$$c_2 = 0.01×固有周期 \ / \pi \tag{7.3}$$

ここで係数 c_2 を求めるために固有値計算を行い，そこから得た 1 次および 2 次の固有モードを図 7.75 に示します。固有値はモデルの総自由度数だけ存在しますが，この場合は 1 次の固有モードが水平加振時の挙動に対応するため，1 次固有周期 0.302 秒を採用し，c2=0.000962 とします。

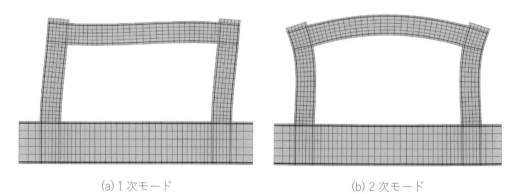

(a) 1次モード   (b) 2次モード

図 7.75　鉄筋コンクリート架構の固有値計算による 1 次および 2 次の固有モード

静的載荷の例と同様，最初のステップで重力加速度を入力し，次に時間刻み 0.01 秒で加振用加速度データを入力します。ここでは図 7.76 に示す El Centro 1940 NS 波と JMA Kobe 1995 NS 波を用いた計算例を 2 つ示します。時間積分として Newmark の β 法を用い，収束が保証される係数として γ=0.5，β= 0.25（平均加速度法）を採用します。図 7.77

に示す層間変形角の時刻歴では，El Centro 波に比べて最大加速度の大きな JMA Kobe 波による変形が大幅に大きくなることが分かります。この解析では 1.0 秒ごとに剛性情報を出力しており，それに基づく固有値計算結果を図 7.78 に示します。当初 0.3 秒だった固有周期がコンクリートの損傷の進行による剛性低下によって長くなり，JMA Kobe の場合は 5 倍に伸びます。ただし除荷過程に入ると剛性がやや回復するため，固有周期もピーク時より短くなります。図 7.79 および図 7.80 に加振終了時のひび割れ・変形状況を示します。

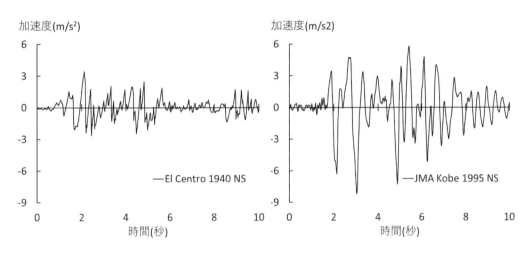

(a) El Centro 1940 加速度記録（南北方向）　　(b) JMA Kobe 1995 加速度記録（南北方向）

図 7.76　鉄筋コンクリート架構の時刻歴応答解析用入力加速度

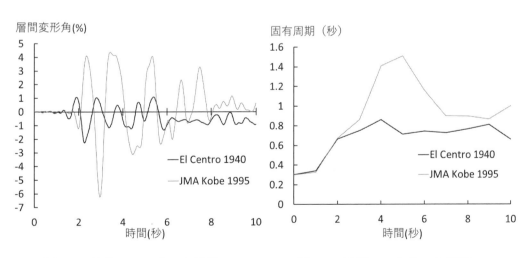

図 7.77　鉄筋コンクリート架構の
層間変形角の時刻歴

図 7.78　鉄筋コンクリート架構の
固有周期の時刻歴（無補強）

図 7.79 鉄筋コンクリート架構の時刻歴応答解析によるひび割れと変形状況
（地震波＝El Centro 1940）

図 7.80 鉄筋コンクリート架構の時刻歴応答解析によるひび割れと変形状況
（地震波＝JMA Kobe 1995）

　次に図 7.72 に示す補強を施したモデルの計算を行います。免振装置は基礎下部にリンク要素を挿入し，鉛直ばねの剛性は十分大きく，せん断ばねの剛性は 0.3 N/mm に設定します。制振ダンパーにはブレース状にダッシュポットを挿入し，粘性を 2.7 kNs/mm とします。いずれもこの規模の架構の免振装置，ダンパーとして標準的な性能です。図 7.81 に無補強，免振補強，制振ダンパー補強を JMA Kobe1995NS 波で加振した層間変形角履歴を比較します。無補強で 6 % あった最大変形角は，免振補強により 1 %，制振ダンパーでも 2 % まで減少します。図 7.82 と図 7.83 に免振補強と制振ダンパー補強の加振終了後のひび割れ・変形状況を示します。

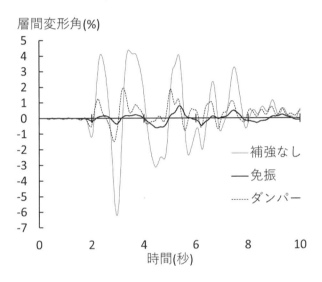

図 7.81　鉄筋コンクリート架構の無補強，免振，油圧ダンパーの
層間変形角の応答履歴の比較（地震波＝JMA Kobe1995NS）

図 7.82　免振補強された鉄筋コンクリート架構の時刻歴応答解析による
ひび割れ・変形状況（地震波＝JMA Kobe 1995）

図 7.83　ダンパー補強された鉄筋コンクリート架構の時刻歴応答解析による
ひび割れ・変形状況（地震波＝JMA Kobe 1995）

　架構モデルの結果は，「rcfem」→「ex4」の中に下記のフォルダに分けて格納しています。

・ex4_f1：無補強モデル静的解析（一方向単調載荷）
・ex4_f2：無補強モデル時刻歴応答解析（El Centro 1940 加速度入力）
・ex4_f3：無補強モデル時刻歴応答解析（JMA Kobe 1995 加速度）
・ex4_f4：免振補強モデル時刻歴応答解析（JMA Kobe 1995 加速度）
・ex4_f5：ダンパー補強モデル時刻歴応答解析（JMA Kobe 1995 加速度）

　Paraview の表示方法は 7.1 節および 7.2 節を参考にしてください。本節では無補強モデルの変形・ひび割れ幅図について，El Centro 1940 波と JMA Kobe 1995 波の 2 つの結果（ex4_f2 と ex4_f3）を並べて表示してみます。Paraview 画面全体をやや横長になるよう拡大し，中央画面右上の左右分割ボタンを押します（図 7.84）。右半分に現れる分割画面の「Create View」の中から「Render View」を選んでください（図 7.85）。

図 7.84　Paraview 画面の新規作成・左右分割

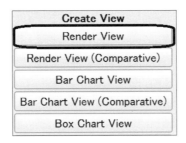

図 7.85　Render View の作成

　この状態で「ex4_f2.vtm.series」と「ex4_f3.vtm.series」の 2 ファイルを開き，それぞれについて「Apply」します．7.1 節および 7.2 節と同じく，「Extract Block」→「Apply」→「quad_crack」→「Apply」→「crack width」→「Rescale to data range over all times」→「Edit Color Map」→「X Ray」→「『Color Map』操作画面を閉じる」→「『Blocks』にチェック」→「Apply」→「Wrap by Vector」→「『Scale Factor』＝『5』」→「Apply」という手順を「ex4_f2.vtm.series」と「ex4_f3.vtm.series」のそれぞれに設定します．この時点でParaview は図 7.81 のようになります．

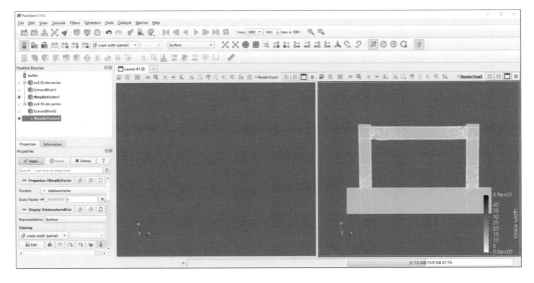

図 7.86　Render View の画面左右分割状態

　ここで左側の「Render View1」の任意の場所をクリックし（図 7.87(a)），画面左の「Pipeline Browser」の中の「WrapByVector1」のみ有効にします（図 7.87(b)）。同様に右側の「Render View2」の任意の場所をクリックし（図 7.88(a)），画面左の「Pipeline Browser」の中の「WrapByVector2」のみ有効にします（図 7.88(b)）。

　画面上部の Play ボタン「▶」を押すと，El Centro 1940 波と JMA Kobe 1995 波による変形・ひび割れ進展がアニメーションで平行表示されます（図 7.89）。

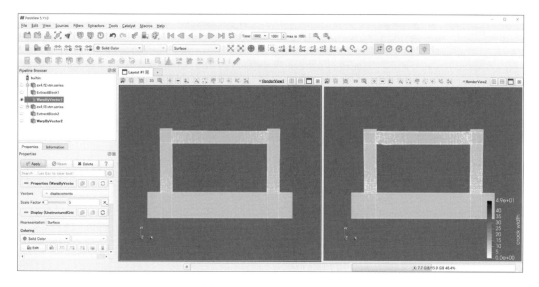

(a) Render View1 選択状態

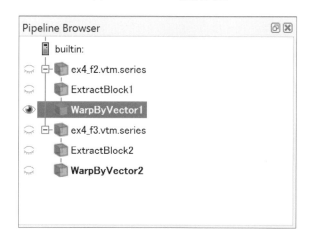

(b) Pipeline 選択状態

図 7.87　Render View1 の設定

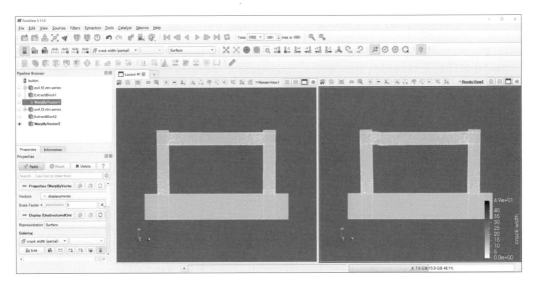

(a) Render View2 選択状態

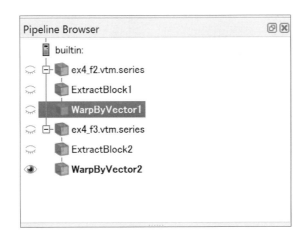

(a) Pipeline 選択状態

図 7.88　Render View2 の設定

　なお本節に示した各種グラフは，「ex4_graph.csv」に格納しています。

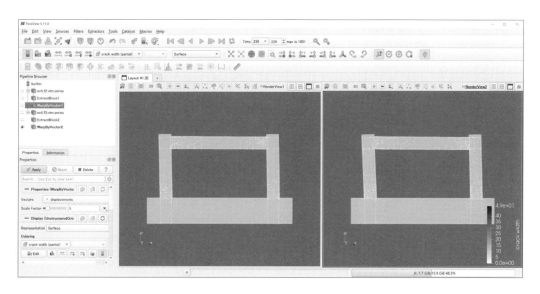

図 7.89　　無補強モデルの変形とひび割れ幅：
El Centro 1940 波と JMA Kobe 1995 波の比較

乾燥収縮と地震力を受ける RC 建物(三次元静的・動的解析)

　図 7.90 に示す 22 階建の鉄筋コンクリート壁式住宅の地震応答を解析します[7.11]。地震波は 1985 年 9 月のメキシコ地震の観測波です。地震波の入力に先立ち，乾燥収縮ひずみ無しと有りの 2 通りのモデルを準備し，応答を比較します。表 7.8 に材料定数，鉄筋比等を示します。壁とスラブを構成する四辺形シェル要素数は 18,228，11 層以上にあるブレース用の線材要素数は 226，総自由度は 111,865 です。使用した材料構成則は以下の通りです。

　　　コンクリートの応力〜ひずみ曲線：修正 Ahmad モデル[7.2]
　　　二軸応力下のコンクリートの破壊条件：Kupfer-Gerstle の提案[7.3]
　　　テンションスティフニング特性：長沼・山口のモデル[7.7]
　　　ひび割れ後のせん断伝達特性：長沼の提案モデル[7.4]
　　　鉄筋の応力〜ひずみ関係：bilinear 型（降伏後の剛性は弾性剛性の 1/100）

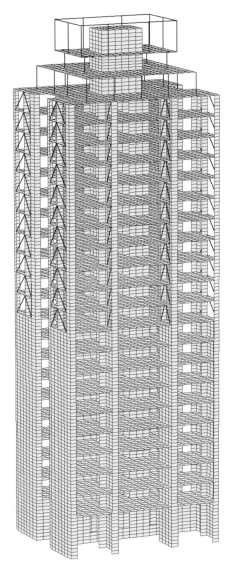

図 7.90 22 階建て建物の解析モデル

表 7.8 鉄筋コンクリートの材料定数

コンクリート	
圧縮強度	20.6 N/mm^2
引張強度	2.0 N/mm^2
ヤング係数	2.19×10^4 N/mm^2
壁厚 200 mm （鉄筋比 0.23%〜1.13%）	
ワッフルスラブ厚 280 mm	
鉄筋径 9.4 mm〜31.8 mm	
降伏応力 392 N/mm^2	
ヤング係数 2.0×10^5 N/mm^2	

　最初のステップで重力加速度 9800 mm/s^2 を入力して自重を作用させ，次の 150 ステップで図 7.91 に示す乾燥収縮ひずみを要素内ひずみとして入力します。乾燥収縮解析終了時のひび割れ状況を図 7.92 に示します。

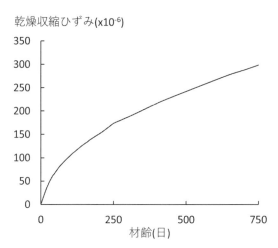

乾燥収縮ひずみ(x10^{-6})

図 7.91　乾燥収縮ひずみ—材齢関係

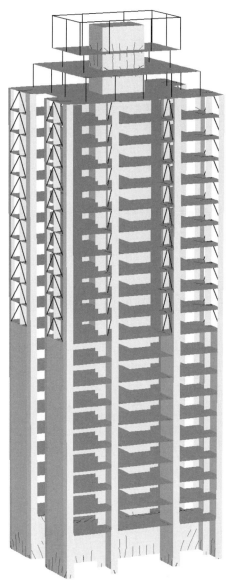

図 7.92　乾燥収縮解析終了時の
ひび割れ状況

　次いで図 7.93(a), (b), (c)に示す 1985 年メキシコ地震記録 SCT1（最大加速度 1680 mm/s^2,
卓越周期 2.秒）を X，Y，Z の三方向に時間増分 0.01 秒で入力します。解析例の(4)と同
様に，1 次固有周期 1.22 秒に対し 1%の初期剛性比例減衰を仮定し，時間積分は Newmark
の β 法で◎=0.5，β= 0.25 （平均加速度法）とします。乾燥収縮ひずみを入力していないモ

デルの最大変形時のひび割れ・変形状況を図 7.94(a)に，収縮ひずみを入力したモデルの場合を図 7.94(b)に示します。これらに対応する全体変形角の時刻歴を図 7.95 に比較します。これらの図から，乾燥収縮なしのモデルに比べ，収縮ありのモデルの最大変形が大幅に増えていることが分かります。図 7.96 は各ステップでモデル内に生じるひずみ速度の最大値を示します。両モデルに明瞭な差異はありませんが，加振中の最大値である 5.0/s は衝撃試験などで計測される大きな値で，一般的な地震時でも局部的には大きなひずみ速度が生じることを示しています。

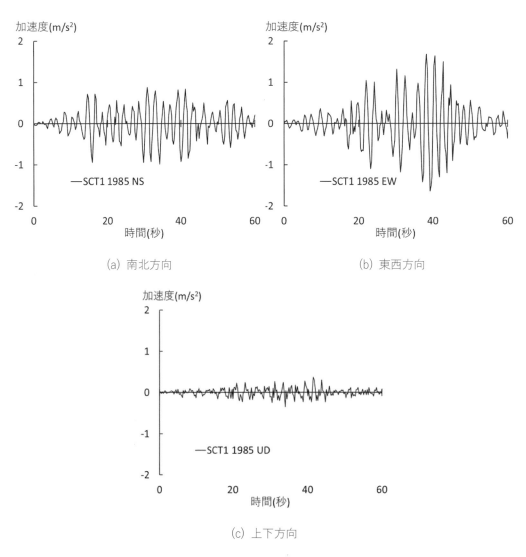

(a) 南北方向　　　　　　　　　　　(b) 東西方向

(c) 上下方向

図 7.93　入力加速度（SCT1 1985）

(a) 乾燥収縮ひずみ無し　　　　　　　　　(b) 乾燥収縮ひずみ有り

図 7.94 最大変形時のひび割れ・変形状況

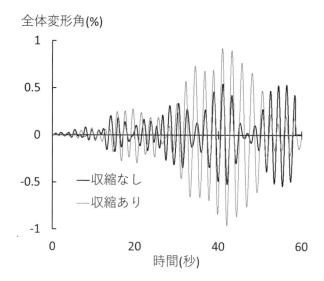

図 7.95 鉄筋コンクリート建物の全体変形角〜時間関係

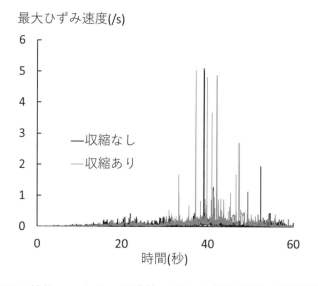

図 7.96 鉄筋コンクリート建物の最大ひずみ速度〜時間関係

　本建物モデルの結果は，「rcfem」→「ex5」の中に下記のフォルダに分けて格納しています。

　・ex5_o：乾燥収縮なしモデル
　・ex5_sh：乾燥収縮考慮モデル

　7.4 節の例と同様に，Paraview に 2 つのモデルを並べて表示したものを図 7.97 に示します。ファイルサイズが大きいため，本モデルの表示には約 2.5GB のストレージの空き容量と 1GB 程度のキャッシュメモリの余裕が必要です。なるべく余力のある PC で表示してください。

　前述の通り乾燥収縮期間の解析に 150 ステップを要するため，両モデルの総ステップ数にその分の違いがありますが，乾燥収縮ひずみなしモデルの結果ファイルに 150 ステップ分のダミーファイルを入れて，2 つのモデルが同じ時間軸でアニメーション表示されるようにしています。

　なおアニメーションの画像の時間刻みは，動作の軽量化のため，実際の解析の時間刻みである 0.01 秒より粗く，0.1 秒としています。

ex5_o：乾燥収縮ひずみ無し　　　ex5_sh：乾燥収縮ひずみ有り

図 7.97 Paraview による二つのモデルの同時アニメーション表示

　本節に示した各種グラフは，「ex5_graph.csv」に格納しています。

衝突荷重を受ける RC 耐震壁（三次元動的解析）

　本解析で対象とする試験体 7.12)は，前節の解析例の 22 層建物の解析に見られた最大ひずみ速度 5/s の再現を衝突載荷により試みたものです。

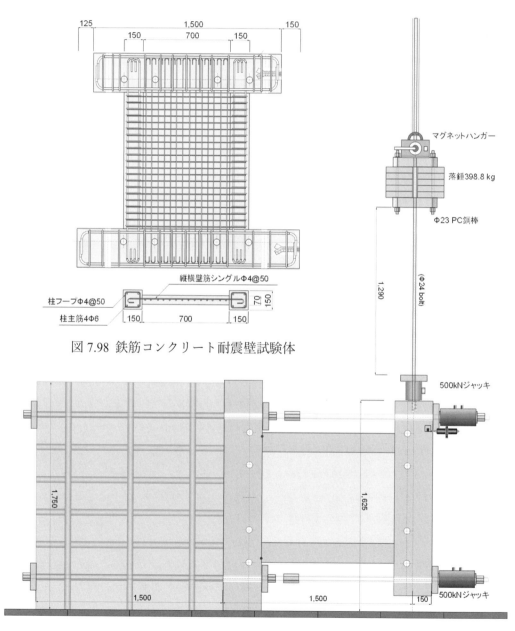

図 7.98 鉄筋コンクリート耐震壁試験体

図 7.99 鉄筋コンクリート耐震壁試験体への衝突荷重載荷装置

　図 7.98 に示す耐震壁試験体を打設後 1 年間拘束して乾燥収縮させた後，図 7.99 に示すように 90° 回転して固定し，上部に質量 400 kg の鋼製落錘を自由落下により速度 5.0 m/s で衝突させ，その後の振動特性を計測しています。実験において計測されたこの試験体の最大ひずみ速度は 5.3/s でした。表 7.9 に材料定数を示します。乾燥収縮ひずみの影響を大きくするため早強セメントを用いています。

　図 7.100 に有限要素モデルを示します。使用した材料構成則は以下の通りです。

　　　コンクリートの応力〜ひずみ曲線：修正 Ahmad モデル [7.2)]
　　　三軸応力下のコンクリートの破壊条件：Willam-Warnke の 5 パラメータモデル [7.9)]
　　　（大沼らの係数 [7.10)]）
　　　コンクリートのひび割れ後の圧縮強度とひずみの低減：考慮 [7.4)]
　　　テンションスティフニング特性（柱 2,3,4）：出雲らのモデル [7.5)]
　　　ひび割れ後のせん断伝達特性：長沼の提案モデル [7.4)]
　　　鉄筋の応力〜ひずみ関係：bilinear 型（降伏後の剛性は弾性剛性の 1/100）

　この耐震壁は既往の研究で静的水平繰り返し載荷時の挙動が実験および解析により把握されており，その荷重〜部材角関係を図 7.101 に示します。

　解析では，まず試験体下部に剥離をモデル化するための 2 節点接合要素を挿入します。そして上部および下部を固定して 365 日分の乾燥収縮ひずみを 1 日ずつ 1 ステップで入力します。この際，材齢 21 日までのコンクリートの圧縮強度，引張強度，ヤング係数の発現を図 7.102 に基づいて入力します。また次式に示す二重べき乗則でクリープ関数を算定し，各ステップの乾燥収縮ひずみ増分に対応して加算して行きます。

$$J = 1.0 + 0.4\tau^{-0.5}(t-\tau)^{0.25} \tag{7.4}$$

　ここに，τ=載荷開始材齢（日），t=現在の材齢（日）です。

表 7.9　鉄筋コンクリート耐震壁の材料定数

コンクリート（材齢 21 日時）	柱主筋：4D6	壁筋・柱フープ：Φ4
圧縮強度　　44.3 N/mm^2 引張強度　　3.4 N/mm^2 ヤング係数 　　　3.02×10^4 N/mm^2	降伏応力　483 N/mm^2 ヤング係数 　　　1.85×10^5 N/mm^2	降伏応力　593 N/mm^2 ヤング係数 　　　1.85×10^5 N/mm^2

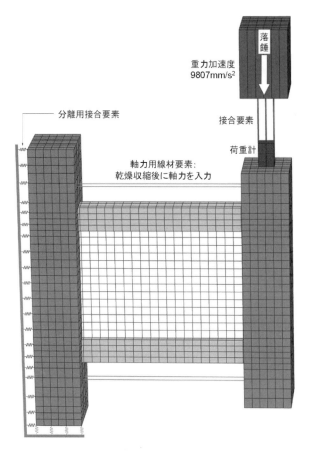

図 7.100 鉄筋コンクリート耐震壁の有限要素モデル

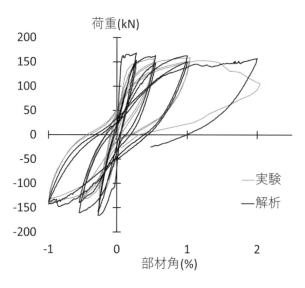

図 7.101 鉄筋コンクリート耐震壁の静的荷重～部材角関係

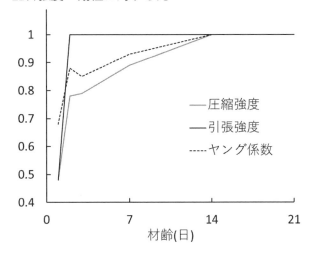

図 7.102　鉄筋コンクリート耐震壁のコンクリート強度とヤング係数の発現仮定

　次の 5 ステップにおいて，油圧ジャッキで PC 鋼棒を緊張させて導入する軸力を，試験体モデル両側に配した線材要素（トラス要素）への初期応力として与えます。次いで時刻歴解析に移ります。2節点接合要素で試験体と繋いだ落錘に重力加速度を作用させ，まず時間増分約 0.01 秒で 50 ステップ進め，衝突直前まで落下させます。そこから時間増分を 0.0001 秒に縮め，6000 ステップで計 0.6 秒間の解析を行います。2 節点接合要素の長さが零になった時に接触が発生したものと判定します。接触解析でよく用いられるペナルティ法では，接触剛性に極めて大きな値が用いられますが，時間増分と要素分割の組み合わせ次第では局所的に過大な応力が発生するという難点があります。ここでは二つの節点の接触判定後，両側に接続する 2 要素のうち，いずれか小さな剛性を自動的に接合要素の剛性として採用する処理を適用しています。例えば鋼材とコンクリートの間の要素であれば，コンクリート要素の剛性が適用され，圧壊に応じた剛性低下が逐次反映されます。

　減衰は解析例(4)および(5)では 1 次固有周期に基づいて決定しましたが，本解析では図 7.103 に示す 1 次から 6 次までの固有モードのうち，3 次モードが実験の変形状況に該当します。そこで，3 次の固有周期 0.022 秒に対し 1%の初期剛性比例減衰を仮定します。時間積分は前節までの例と同様に Newmark の β 法で γ=0.5，β= 0.25（平均加速度法）とします。一般に，ひずみ速度が速くなるほど材料強度は高くなります。本解析では図 7.104 に示すひずみ速度依存性のモデル [7.13],[7.14] を用います。図 7.105 に実験と解析による乾燥収縮終了時および衝撃載荷後のひび割れ状況を示します。

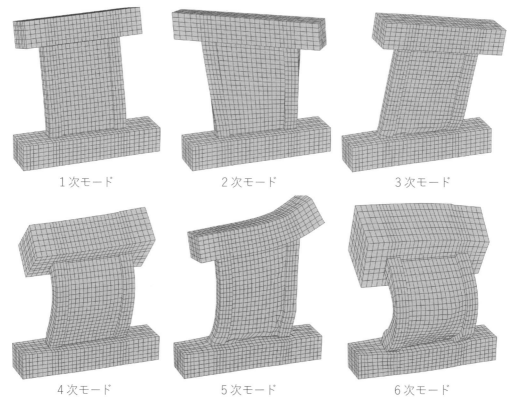

1次モード　　　　　　　　2次モード　　　　　　　　3次モード

4次モード　　　　　　　　5次モード　　　　　　　　6次モード

図 7.103　鉄筋コンクリート耐震壁の固有値計算による固有モード図

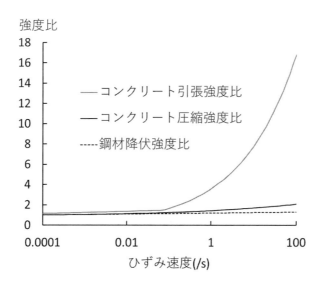

図 7.104　鉄筋コンクリート耐震壁の材料強度のひずみ速度依存性

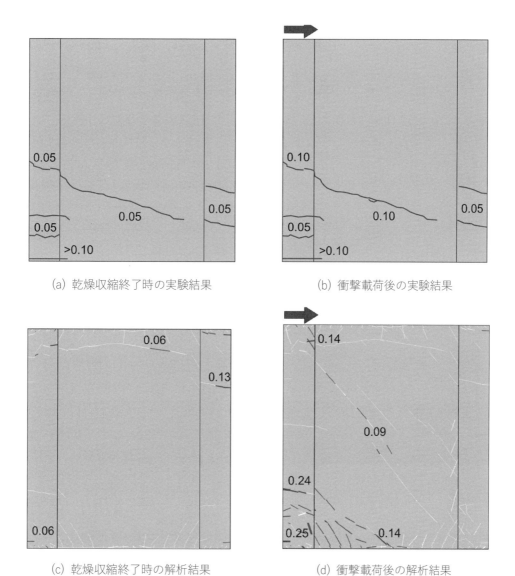

(a) 乾燥収縮終了時の実験結果　　　　　(b) 衝撃載荷後の実験結果

(c) 乾燥収縮終了時の解析結果　　　　　(d) 衝撃載荷後の解析結果

図 7.105　鉄筋コンクリート耐震壁の衝突解析による実験と解析のひび割れ状況の比較
（数字はひび割れ幅，単位 mm）

　図 7.106(a)に実験と解析の部材角履歴を，同図(b)に荷重履歴を，同図(c)に荷重〜部材
角関係を，同図(d)に解析過程の剛性を用いた固有値計算による固有周期履歴を示します。
衝突後の固有周期は最大 8 ％増大しています。

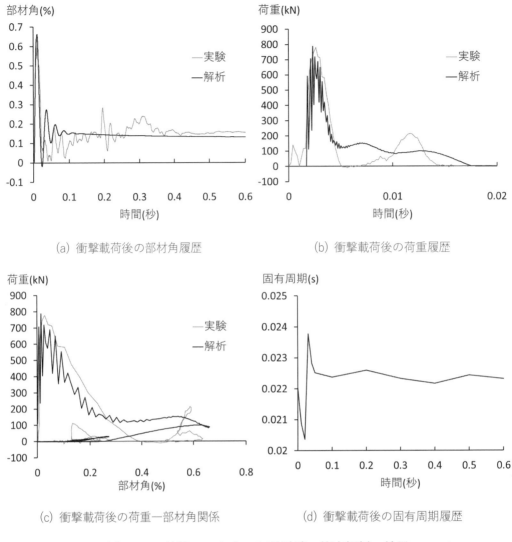

(a) 衝撃載荷後の部材角履歴　　　　　　(b) 衝撃載荷後の荷重履歴

(c) 衝撃載荷後の荷重ー部材角関係　　　　(d) 衝撃載荷後の固有周期履歴

図 7.106　鉄筋コンクリート耐震壁の衝突解析の結果

　本建物モデルの結果は，「rcfem」→「ex6」の中に格納しています。Paraview による表示例を図 7.107 に示します。「Wrap By Vector」フィルターで変形状態を表示していますが，「Scale Factor」は「1」としています。試験体と落錘を結ぶ接合要素に極端に大きな変形を生じさせる形となっているため，「1」より大きな値にすると落錘と試験体が大きく離れて表示されるので注意してください。本例題の結果も動作軽量化のため，格納したステップは一部に限定しています。

　本節に示した各種グラフは，「ex6_graph.csv」に格納しています。

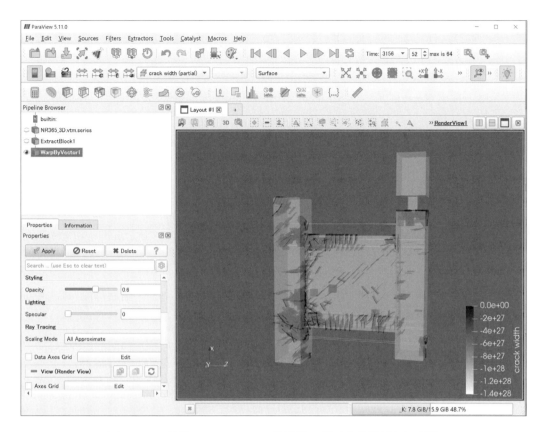

図 7.107　鉄筋コンクリート耐震壁の衝突解析結果表示例

参考文献

7.1)　佐藤裕一，長沼一洋：分散ひび割れモデルによる鉄筋コンクリートのひび割れ幅の予測，構造工学論文集，Vol.61B, pp.111-124, 2015.3

7.2)　長沼一洋：三軸圧縮下のコンクリートの応力－ひずみ関係，日本建築学会構造系論文集，第 474 号, pp.163-170, 1995.8

7.3)　Kupfer, H.B. and Gerstle, K.H.: Behavior of Concrete Under Biaxial Stresses, Journal of the Engineering Mechanics Division, ASCE, Vol.99, No.EM4, pp.853-866, 1973.

7.4)　長沼一洋：鉄筋コンクリート壁状構造物の非線形解析手法に関する研究（その 1），平面応力場における鉄筋コンクリート板の非線形解析モデル，日本建築学会構造系論文報告集，第 432 号, pp.39-48, 1991.3

176

7.5)　出雲淳一, 島　弘, 岡村　甫：面内力を受ける鉄筋コンクリート板要素の解析モデ
　　　ル, コンクリート工学論文, No.87.9-1, pp.107-120, 1987.9

7.6)　Al-Mahaidi, R.S.H.: Nonlinear Finite Element Analysis of Reinforced Concrete Deep
　　　Members, Report 79-1, Department of Structural Engineering, Cornell University, Jan.
　　　1979.

7.7)　長沼一洋, 山口恒雄：面内せん断応力下におけるテンションスティフニング特性
　　　のモデル化, 日本建築学会大会学術講演梗概集, 構造II, pp.649-650, 1990.10

7.8)　Ottosen, N. S. :A failure Criterion for Concrete, Journal of the Engineering Mechanics
　　　Division, ASCE, Vol.103, No.EM4, pp. 527-535, 1977.

7.9)　Willam, K. J. and Warnke, E. P.:Constitutive Model for the Triaxial Behavior of Concrete,
　　　International Association for Bridge and Structural Engineering Proceedings, Vol.19, pp.1-
　　　30, 1975.

7.10)　大沼博志, 青柳征夫：三軸圧縮応力下におけるコンクリートの強度特性, 電力中央
　　　研究所報告, No.381021, 1981.12

7.11)　Kitazawa K., Sato, Y., Naganuma, K. and Kaneko, Y.: Finite Element Analyses of Seismic
　　　Response of a 22-story RC Wall Building subjected to Drying Shrinkage Cracking and
　　　Application of SCRPCC. fib bulletin No. 95: Fibre Reinforced Concrete: From Design to
　　　Structural Applications. Proceedings of the ACI-fib-RILEM International Workshop -
　　　FRC2018, ISBN: 978-2-88394-142-7, Paper No. 28, 2020.
　　　doi.org/10.35789/fib.BULL.0095.Ch28

7.12)　Sato, Y., Naganuma, K., Ko, H.B. and Kaneko, Y.: Drop-Weight Impact Loading of
　　　Polypropylene Fiber Reinforced Concrete Wall after One-Year Drying Shrinkage,
　　　Advanced Concrete Technology Vol. 18, pp.794-807, December 2020, DOI:
　　　10.3151/jact.18.794.

7.13)　土木学会：衝撃実験・解析の基礎と応用, 構造工学シリーズ 15, 2004.3

7.14)　細谷　博, 岡田恒男, 北川良和, 中埜良昭, 隈澤文俊：ひずみ速度の影響を考慮し
　　　たファイバーモデルによる鉄筋コンクリート部材の断面解析, 日本建築学会構造
　　　系論文集, No.482, pp.83-92, 1996.4

8章 トラブル対処法

　コンクリートは非線形性が非常に強く現れる材料ですので，コンクリート構造の非線形解析は不安定になりやすく，途中で計算が止まったり，計算は進んでも結果が不自然だったり，なかなか一筋縄では行きません。ここでは解析で陥りやすい問題とその解決方法について述べます。

最初から計算ができない

　材料が弾性であれば与えた荷重に対する変位は基本的に求まりますが，エラーを生じて計算が止まったり，全ての節点で極端に大きな変位が生じたりすることがあります。この原因としては剛性方程式が特異解を持っていることが考えられます。境界条件が不適切でモデル全体が剛体変位を生じる場合や，モデルが2つ以上の部分に分かれている場合が該当します。

　図 8.1(a) は単純梁の中央に鉛直荷重を載荷する解析ですが，2つの支点がどちらも水平方向に自由に変位できるため，荷重は鉛直方向のみであっても水平方向に大きな変位を生じる可能性があります。

　図 8.1(b)は上部と下部のモデルの連結部で節点が別々に定義されており，それらは同一座標上にあるため，モデルを表示しても2つの部分に分かれていることが分かりません。上部と下部の間で力の伝達が行われないため，それぞれが独自の動きをしてしまいます。

　剛性方程式が特異解を持っている場合，解析プログラムによってはメッセージを出力してユーザーに知らせてくれるものもありますが，全ての節点で10の何十乗というような過大な変位を生じることもあります。

　通常，剛性マトリックスの対角項は正の値を持っていますが，それが零になると解を求められなくなります。例えば，どの要素にも属さない節点があったり，剛性が零の材料があったりする場合です。また，平面応力要素や六面体要素のように回転自由度に対する剛性を持っていない要素の節点の回転自由度が拘束されていないか，回転剛性を持つ要素が何も連結されていない場合も同様です。

178

よくあるミスとして，トラス要素は材軸直交方向に剛性を持っていませんが，直交方向の変位が拘束されていなかったり，直交方向の変位に抵抗する要素が何もなかったりすると，その方向の自由度に対応する対角項が零になり，正しい解を求めることができません。

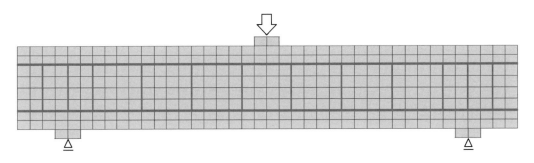

(a) 水平方向に剛体移動が発生する恐れがある例（左右の支持点がいずれも水平方向に未拘束）

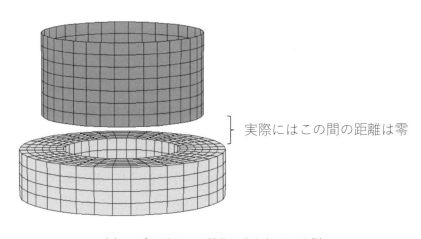

実際にはこの間の距離は零

(b) モデルが 2 つの部分に分かれている例

図 8.1 剛性方程式が特異解を持つ例

図 8.2 はトラス要素のみのモデルで各材は 2 要素でモデル化されています。トラス構造では各材に生じる軸方向力は材の中では一様なので，この例のように一つの材を 2 要素でモデル化する必要は無いのですが，当初のモデルでは図中に破線で示す部材もありました。そのモデルは問題なく解析できましたが，部材の数を減らした結果，一つの材の中間に節点が残り，その節点は材軸直交方向には剛性を有していないので，自由に変

位を生じてしまいます。幾何学的非線形性を考慮した解析では節点が材軸直交方向に変位する際に材が伸びるため，自由には変位しませんが，一般的な解析では全体座標系の軸と一致する方向の剛性が零の場合は剛性マトリックスの対角項が零になって解が求まりません。この場合は材軸直交方向の変位を拘束すれば回避できます。ただし，材軸方向が全体座標系の軸と一致しない場合には解は求まりますが，材軸直交方向に大きな変位を生じる可能性があります。それを回避するためには材軸方向のみに変位できるような斜めのローラー条件を設定する必要があります。そのような機能が無い場合は材の中間の節点は削除する必要があります。

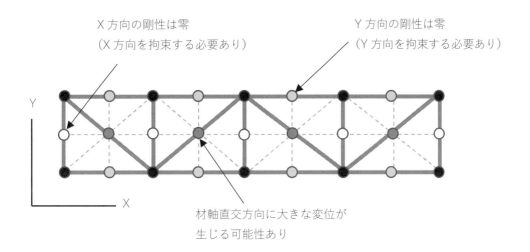

図 8.2　トラス構造で剛性方程式の対角項が零となる例

計算が途中で止まる

非線形解析では目標とする荷重までを複数のステップに分けて増分的に計算を進めますが，その途中で計算が止まってしまうことがあります。使用している解析プログラムによって異なりますが，大抵は何らかのエラーメッセージが出力されます。その原因はいろいろ考えられますが，最も多いのは収束条件を満たせなくなったことです。

材料非線形解析ではコンクリートのひび割れや圧壊，鋼材の降伏などにより，応力が修正されますので，それに伴う不釣合い力が発生します。外力と内力が釣り合うまで収束計算を行うことで不釣合い力は処理されますが，完全に収束するとは限りません。特にコンクリートのひび割れが多数発生したり，圧壊が生じたりすると，不釣合い力を再

配分することが困難になります。鉄筋量が少ない場合や，鉄筋を線材置換，あるいはソリッド置換した場合は，コンクリートのみの要素ができるため，この部分がひび割れ後に不安定な動きをしやすくなります（図 8.3）。

このような状況では収束計算の回数を増やしても効果はありませんので，収束条件を緩和して不釣合い力を後続のステップに持ち越す必要があります。また，荷重増分が大きすぎると不釣合い力も大きくなりますので，ステップ数を増やして荷重増分の大きさを小さくすると回避できることもあります。接線剛性法を採用している場合には荷重増分を小さくすることで収束計算を行わなくても工学的に十分な精度の解を得ることができます（図 5.15 参照）。

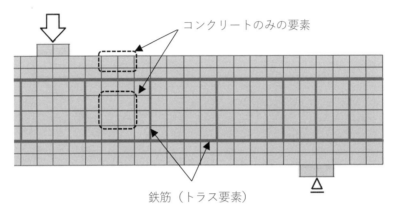

図 8.3 ひび割れ後に不安定な動きをしやすい部分がある例

変位が急増する

荷重増分を与えていると，あるところから急激に変位が大きくなることがあります（図 8.4）。変形モードを表示して，局所的に大きな変位を生じている場合は鉄筋の無い要素にコンクリートのひび割れや圧壊が生じていることが原因である可能性があります（図 8.5）。その場合は荷重を与える点を変更するか，鋼材などで補強する必要があります。これについてはこの後の節で詳しく述べます。

全体的に変形が進んでいる場合は与えている荷重に対して部材や構造物が耐えられなくなっていることが原因です。この場合は図 8.6 に示すように荷重増分の代わりに変位増分（強制変位）を与えれば，あるところから荷重が低下しますので耐えられる限界の荷重が分かります。

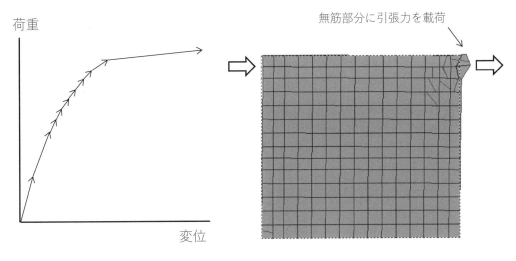

図 8.4　変位が急増する例　　　　　図 8.5　無筋部分にひび割れが生じた例

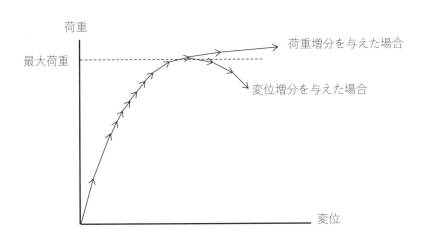

図 8.6　荷重増分を与えた場合と変位増分を与えた場合の違い

　しかし，荷重が複数の点に載荷されている場合，それらを強制変位に変更することは
できませんので注意が必要です。その理由は荷重の比率から変位の比率をあらかじめ決
めることができないからです。

　よくあるミスとして，複数の節点に同一の強制変位を与えてしまうことがありますが，
それでは強制変位を与えた節点同士の相対変位が生じないことになってしまいますので，
荷重を与えた場合と同じ結果にはなりません（図 8.7）。十分剛な部分に分布荷重が与え
られているような場合は強制変位に変更しても良いでしょう。

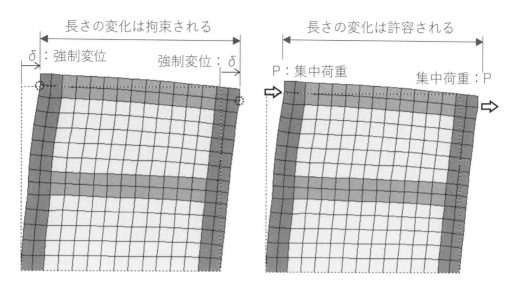

図 8.7　複数の節点への同一の集中荷重と強制変位の違い

　変位が急増するその他の原因として剛性方程式がうまく解けていないことがあります。剛性が大きく異なる要素が混在している場合などに起こりやすい傾向があり，剛性が極端に小さな要素や大きな要素を用いないようにすることで回避できる場合があります。

　計算の途中で節点変位が急激に 10 の何十乗というような過大な値になることもあります。これは高速化を図ったソルバー（剛性方程式を解く部分）を用いている場合に生じることがあります。この現象を回避するためにはソルバーを変更すれば良いのですが，変更できない場合には荷重増分の大きさを変えてみると回避できることがあります。

荷重〜変位関係のグラフが乱れる

　解析の途中で図 8.8 のような荷重〜変形関係となることがあります。剛性低下がまだ顕著ではない段階で，強制変位を与えている場合には，突然，荷重が大きく低下したり，荷重増分を与えている場合には，急激に変形が増減したりします。この原因はいくつか考えられますが，良くある例として，荷重増分や変位増分が大きすぎて材料の剛性や状態の変化に伴う不釣合い応力が過大になり，それらがうまく再配分できなくなっていることが考えられます。対策としては荷重増分や変位増分を小さくして，１ステップ当たりの不釣り合い力の大きさを減らすことですが，それでも改善しないことがあります。

その例として，図 8.9 に示すように，ひび割れによる解放応力がコンクリートの圧縮破壊を引き起こしていることがあります。

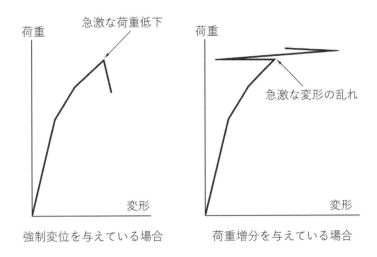

図 8.8　荷重〜変形関係に乱れが生じた例

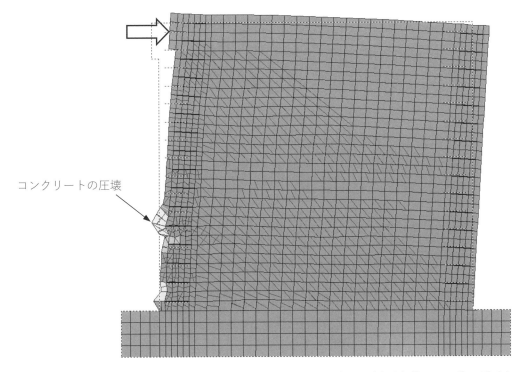

図 8.9　ひび割れの解放応力によりコンクリートが局部圧壊した例（変位は 50 倍に拡大）

　ひび割れ発生による解放応力は鉄筋や周辺の要素が負担しますが，隣接する要素が埋込み鉄筋を有しておらず，既にひび割れが生じていると，解法応力によりひび割れが閉じる方向に変位が進みます。その結果，その要素は引張ひずみ状態から急激に圧縮ひずみ状態に移行し，大きな不釣合い力を生じたり，圧縮破壊を生じたりして，それがさらに周辺の要素に伝播していき，荷重〜変形関係が乱れることになります。

　これを回避するためには無筋コンクリートの要素に少量のダミーの鉄筋を付加するという方法があります。2次元なら直交2方向に，3次元なら直交3方向に一般的な鉄筋比の 1/500〜1/100 程度の仮想の鉄筋を配筋することで急激な変位の増減が抑えられ，グラフの乱れが生じなくなる場合もありますが，仮想の鉄筋が多いと変形が小さくなり，耐力が高くなってしまいます。解析プログラムによっては仮想剛性を付与する機能があり，計算の安定化に効果がありますが，仮想剛性が大きすぎると実際の挙動を正しく再現できなくなりますので，不安定化しない最小限の剛性に抑えておくのが良いでしょう。

載荷点や支持点の周辺で破壊する

　平面モデルで荷重を1つの節点に集中して与えたり，支持部を一つの節点としたりすると，その節点を含む要素が早期に破壊してしまうことがあります。立体モデルで載荷点や支持点が一直線上に並んでいる場合も同様です（図 5.1 参照）。これは実際にも起こり得る現象で，1点に荷重を加え続けると応力が集中し，その部分が局部的に破壊してしまいます。これを回避するために構造実験では載荷部分や支持部分に鋼板を挿入して力を分散させることが一般的ですから解析でも同様に鋼板の要素を設けると良いでしょう（図 8.10）。あるいは載荷点近傍の要素を弾性材料とする方法や，1点に集中しないように複数の節点に分布荷重として与える方法もあります。

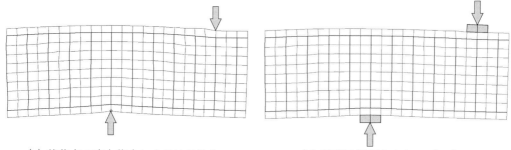

(a) 載荷点の応力集中によるめり込み　　　　(b) 載荷用鋼板を含むモデル化

図 8.10 載荷点のモデル化

　また，支持点を複数の節点とする方法もありますが，その場合はピン支持のような回転を許容する支持点にはなりませんから，支持点で回転が生じない場合に限ります。

解析結果が理論値や実験結果と対応しない

　形状や荷重条件が比較的単純な場合は弾性論により理論解が求められますが，解析結果が理論解とどの程度対応するのかはモデル化方法と使用要素の特性に依存します。有限要素法で得られる解は近似解であり厳密解ではありませんので，どうしても誤差が生じます。一様な軸変形やせん断変形は単一の要素でも精度良く再現できますが，曲げ変形の精度は要素によってかなり異なります。（3章「要素の種類と形状」参照）

　要素分割の密度を細かくすることで精度は高まりますが理論解とある程度の差が生じることは避けられません。事前に片持ち梁のような簡単なモデルの解析で，要素の分割密度を変えてみて，変形の再現精度を確認しておくと良いでしょう。（3章「要素分割」参照）

　構造実験の結果と解析結果を比較すると，初期から差が見られる場合と，初期は一致しているものの，荷重が高くなると差が大きくなる場合があります。初期から差が見られる場合はモデル化方法や境界条件の与え方に原因があることが多いです。荷重が高くなると差が大きくなる場合は荷重や変位増分の与え方や材料構成則に原因があると考えられます。荷重増分の大きさに関しては5章「荷重増分の大きさ」を参照して下さい。最大荷重に到達した後の荷重低下域に関しては解析の信頼性が低くなりますので，実験結果との差が目立つことが多いですが，これは現在の解析精度がまだ十分ではないからです。（6章「結果の評価」参照）

　非線形解析を行う際は解析プログラムに組み込まれている材料構成則から，どれを選び，どのようなパラメータを与えるかなど，使用説明書や理論マニュアルなどを参照して決定する必要があります。これまでに材料構成則はいろいろ提案されていますが，それぞれ適用範囲があります。コンクリート構造の非線形解析に関しては，どのようなものを対象としても破壊までの過程を精度良く解析できるような万能な構成則は確立されていないのが現状です。現在の解析技術による再現精度はどの程度なのか，結果の信頼性が高いのはどこまでなのか，などに関して知っておくことが重要です。

　現在，コンクリート構造の非線形有限要素解析で実現象を比較的精度良く再現できるのは最大強度に至るまでの挙動です。最大強度に達した後の挙動（ポストピーク挙動）

186

はまだ解析の精度が十分とは言えません。図 8.11 に示すようなかぶりコンクリートの剥離や主筋の座屈現象も解析で再現するのは難しいのが現状です。

　一方，局所的な応力やひずみの集中を表現できる有限要素法ならではの特徴を生かすことで，例えば図 8.12 に示すような鉄筋コンクリート部材の付着割裂破壊は異形鉄筋の節の形状を忠実にモデル化すれば再現できる可能性があります。かなり細かな要素分割が必要になり，実務で活用できる解析とは言えませんが，研究面で活用できると思います。また，図 8.13 に示すような鋼材とコンクリートの間の脆性的なすべり破壊は，界面が剥離する条件や摩擦特性を基礎的な実験結果に基づいて適切にモデル化すれば解析で再現できるはずです。

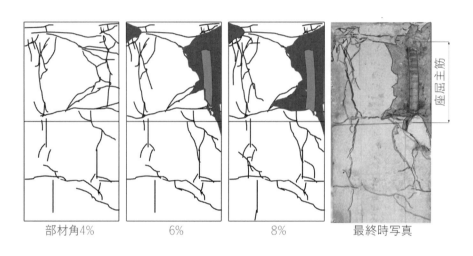

部材角4%　　　6%　　　8%　　　最終時写真

図 8.11　かぶりコンクリートの剥落と主筋の座屈（柱の例）

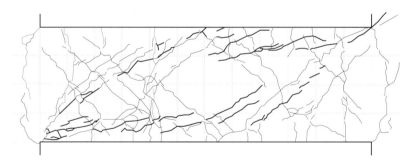

図 8.12　付着割裂ひび割れ（梁の主筋に沿ったひび割れの例）

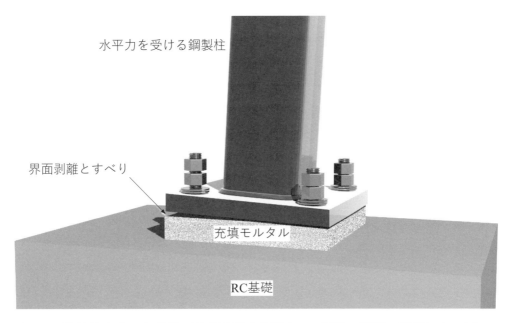

水平力を受ける鋼製柱

界面剥離とすべり

充填モルタル

RC基礎

図 8.13　脆性的なすべり破壊（鉄骨造露出柱脚と RC 基礎の界面の剥離とすべり）

付録1 コンクリートの直交異方性構成方程式

　一軸応力状態のコンクリートの挙動はシリンダーの圧縮試験などから得られる応力－ひずみ曲線をモデル化することで解析できますが，実際の構造においては二軸あるいは三軸応力状態となることが一般的です。そこで，多軸応力状態におけるコンクリートの応力とひずみの構成関係が必要になります。これまでに各種のモデルが提案されていますが，それらは①非線形弾性型，②弾塑性型，③弾塑性損傷型の三つに大別できます。

　非線形弾性型には等方モデルと直交異方性モデルがあり，等方モデルは応力経路に依存せず，体積弾性係数とせん断弾性係数を作用応力の大きさから求めるものです。一方，直交異方性モデルは応力経路に依存し，内部の損傷の進行により，応力～ひずみ関係が方向によって異なることを考慮したものです。

1) 二軸応力下の直交異方性モデル

　コンクリートの構成モデルの一例として，非線形弾性型の一つである Darwin と Pecknold による直交異方性モデル[A1.1)]を紹介します。このモデルは様々な応力状態におけるコンクリートのひずみ性状を比較的良好に再現できることが確認されています[A1.2)]。

　主軸方向のひずみ増分を $d\sigma_i$，応力増分を $d\sigma_i$，接線剛性を E_i，ポアソン比を v_i とすると，主軸1および主軸2の方向の増分ひずみ－増分応力関係は次式で表現されます。

$$d\varepsilon_1 = \frac{d\sigma_1}{E_1} - v_2 \frac{d\sigma_2}{E_2} \tag{A1.1}$$

$$d\varepsilon_2 = -v_1 \frac{d\sigma_1}{E_1} + \frac{d\sigma_2}{E_2} \tag{A1.2}$$

式(A1.1)，式(A1.2)を逆変換すると，次式が得られます。

$$\begin{Bmatrix} d\sigma_1 \\ d\sigma_2 \end{Bmatrix} = \frac{1}{1-v_1 v_2} \begin{bmatrix} E_1 & v_2 E_1 \\ v_1 E_2 & E_2 \end{bmatrix} \begin{Bmatrix} d\varepsilon_1 \\ d\varepsilon_2 \end{Bmatrix} \tag{A1.3}$$

ここで，Maxwell Betti の相反定理より，次式が成立します。

$$\nu_1 E_2 = \nu_2 E_1 \tag{A1.4}$$

ポアソン比については方向性を考えないこととし，相乗平均を用いて等価ポアソン比 μ を次式で定義します。

$$\mu = \sqrt{\nu_1 \nu_2} \tag{A1.5}$$

式(A1.5)を用いると，式(A1.4)は次式となります。

$$\nu_1 E_2 = \sqrt{(\nu_2 E_1)^2} = \sqrt{(\nu_1 E_2)^2} = \sqrt{\nu_1 \nu_2 E_1 E_2} = \mu \sqrt{E_1 E_2} \tag{A1.6}$$

応力－ひずみ構成方程式は式(A1.3)にせん断の項を含め，式(A1.6)を用いることにより，次式で表現されます。

$$\begin{Bmatrix} d\sigma_1 \\ d\sigma_2 \\ d\tau \end{Bmatrix} = \frac{1}{1-\mu^2} \begin{bmatrix} E_1 & \mu\sqrt{E_1 E_2} & 0 \\ & E_2 & 0 \\ symm. & & (1-\mu^2)G \end{bmatrix} \begin{Bmatrix} d\varepsilon_{1u} \\ d\varepsilon_{2u} \\ d\gamma \end{Bmatrix} \tag{A1.7}$$

ここで，G はせん断剛性であり，ポアソン比と同様に方向性を考えないこととし，θ だけ座標変換した後のせん断剛性と，変換前のせん断剛性を等置することで次式が得られます。

$$G = \sin^2\theta\cos^2\theta(E_1 + E_2 - 2\mu\sqrt{E_1 E_2}) + (\cos^2\theta - \sin^2\theta)^2 G \tag{A1.8}$$

式(A1.8)を G について解くと次式が得られます。

$$(1-\mu^2)G = \frac{1}{4}(E_1 + E_2 - 2\mu\sqrt{E_1 E_2}) \tag{A1.9}$$

一般に，荷重増分の始めと終わりでは垂直応力のみならず，せん断応力が加わるので，主軸の方向は回転します。そこで，等価一軸ひずみの概念を導入し，応力や接線剛性の決定，載荷や除荷の判定などを等価一軸ひずみを用いて行います。等価一軸ひずみ ε_{iu} は，直交方向の応力を零とした場合の i 方向の垂直応力のみによって生じるひずみと考えられ，次式で算定します。

$$\varepsilon_{iu} = \int d\varepsilon_{iu} = \int \left(\frac{d\sigma_i}{E_i} \right) \tag{A1.10}$$

$$dε_{iu} = \frac{σ_i^{new} - σ_i^{old}}{E_i} \tag{A1.11}$$

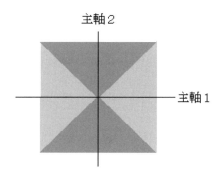

図 A1.1 主軸が表現する範囲

　ここで，$σ_i^{new}$ と $σ_i^{old}$ はそれぞれ新旧の主軸に関する応力で，E_i は増分の始めにおける主軸方向の接線剛性です。主軸の回転量が最初の主軸方向から±45 度以上になった場合は主軸の 1 と 2 に関する履歴データを入れ替えることで，履歴の連続性を保つようにします。即ち図 A1.1 に示すように，一つの主軸はその方向を中心とする 90 度の範囲の特性を表現していることになります。

2) 三軸応力下の直交異方性モデル

　異方性の主軸方向を 1,2,3 とすると，三軸応力下における直交異方性の増分ひずみ－増分応力関係は次式で与えられます[A1.2] 。

$$\begin{Bmatrix} dε_1 \\ dε_2 \\ dε_3 \end{Bmatrix} = \begin{bmatrix} \dfrac{1}{E_1} & -\dfrac{v_{12}}{E_2} & -\dfrac{v_{13}}{E_3} \\ -\dfrac{v_{21}}{E_1} & \dfrac{1}{E_2} & -\dfrac{v_{23}}{E_3} \\ -\dfrac{v_{31}}{E_1} & -\dfrac{v_{32}}{E_2} & \dfrac{1}{E_3} \end{bmatrix} \begin{Bmatrix} dσ_1 \\ dσ_2 \\ dσ_3 \end{Bmatrix} \tag{A1.12}$$

$dε_i$：i 方向の垂直ひずみ増分

$dσ_i$：i 方向の垂直応力増分

E_i：i 方向の接線剛性

v_{ij}：i-j 面内のポアソン比

せん断に関しては二軸応力下と同様に次式で与えられます。

$$
\left\{\begin{array}{c} d\gamma_{12} \\ d\gamma_{23} \\ d\gamma_{31} \end{array}\right\} = \begin{bmatrix} \dfrac{1}{G_{12}} & 0 & 0 \\[2mm] 0 & \dfrac{1}{G_{23}} & 0 \\[2mm] 0 & 0 & \dfrac{1}{G_{31}} \end{bmatrix} \left\{\begin{array}{c} d\tau_{12} \\ d\tau_{23} \\ d\tau_{31} \end{array}\right\}
\tag{A1.13}
$$

$d\gamma_{ij}$：$i\text{-}j$ 面内のせん断ひずみ増分

$d\tau_{ij}$：$i\text{-}j$ 面内のせん応力増分

G_{ij}：$i\text{-}j$ 面内のせん断剛性

ここで，Maxwell Betti の相反定理より，式(A1.12)の非対角項には次式が成立します。

$$
\frac{v_{ij}}{E_j} = \frac{v_{ji}}{E_i}
\tag{A1.14}
$$

平面応力下と同様に，$i\text{-}j$ 面内の等価ポアソン比 μ_{ij} を次式で定義します。

$$
\mu_{ij} = \sqrt{v_{ij} v_{ji}}
\tag{A1.15}
$$

式(A1.15)を用いると，式(A1.12)の非対角項は次式となります。

$$
\frac{v_{ij}}{E_j} = \sqrt{\left(\frac{v_{ij}}{E_j}\right)^2} = \sqrt{\frac{v_{ij}}{E_j}\frac{v_{ji}}{E_i}} = \frac{\mu_{ij}}{\sqrt{E_j E_i}}
\tag{A1.16}
$$

式(A1.16)を用いて式(A1.12)，式(A1.13)を逆変換すると，応力～ひずみ構成関係として次式が得られます。

$$
\left\{\begin{array}{c} d\sigma_1 \\ d\sigma_2 \\ d\sigma_3 \\ d\tau_{12} \\ d\tau_{23} \\ d\tau_{31} \end{array}\right\} = \frac{1}{\phi} \begin{bmatrix} C_{11} & C_{12} & C_{13} & 0 & 0 & 0 \\ & C_{22} & C_{23} & 0 & 0 & 0 \\ & & C_{33} & 0 & 0 & 0 \\ & & & G_{12} & 0 & 0 \\ & \text{\textit{symm.}} & & & G_{23} & 0 \\ & & & & & G_{31} \end{bmatrix} \left\{\begin{array}{c} d\varepsilon_1 \\ d\varepsilon_2 \\ d\varepsilon_3 \\ d\gamma_{12} \\ d\gamma_{23} \\ d\gamma_{31} \end{array}\right\}
\tag{A1.17}
$$

$$\phi = 1 - (\mu_{12})^2 - (\mu_{23})^2 - (\mu_{31})^2 - 2\mu_{12}\mu_{23}\mu_{31} \tag{A1.18}$$

$$C_{11} = E_1(1 - (\mu_{23})^2) \tag{A1.19}$$

$$C_{12} = \sqrt{E_1 E_2}(\mu_{31}\mu_{23} - \mu_{12}) \tag{A1.20}$$

$$C_{13} = \sqrt{E_1 E_3}(\mu_{12}\mu_{23} - \mu_{31}) \tag{A1.21}$$

$$C_{22} = E_2(1 - (\mu_{31})^2) \tag{A1.22}$$

$$C_{23} = \sqrt{E_2 E_3}(\mu_{12}\mu_{31} - \mu_{23}) \tag{A1.23}$$

$$C_{33} = E_3(1 - (\mu_{12})^2) \tag{A1.24}$$

$$G_{12} = \frac{1}{4}(E_1 + E_2 - 2\mu_{12}\sqrt{E_1 E_2} - (\sqrt{E_1}\mu_{23} + \sqrt{E_2}\mu_{31})^2) \tag{A1.25}$$

$$G_{23} = \frac{1}{4}(E_2 + E_3 - 2\mu_{23}\sqrt{E_2 E_3} - (\sqrt{E_2}\mu_{31} + \sqrt{E_3}\mu_{12})^2) \tag{A1.26}$$

$$G_{31} = \frac{1}{4}(E_3 + E_1 - 2\mu_{31}\sqrt{E_3 E_1} - (\sqrt{E_3}\mu_{12} + \sqrt{E_1}\mu_{23})^2) \tag{A1.27}$$

　式(A1.25)から式(A1.27)は，二軸応力下と同様に，座標軸 θ が回転しても，せん断剛性が不変であるとの条件より得られます。等価一軸ひずみの算定法，および，主軸方向の決定法は二軸応力下と同様です。

参考文献

A1.1)　Darwin, D. and Pecknold ,D.A.: Nonlinear Biaxial Stress - Strain Law for Concrete, Journal of the Engineering Mechanics Division, ASCE, Vol.103, No.EM2, pp.229-241, 1977.

A1.2)　Willam, K. J. and Warnke, E. P.:Constitutive Model for the Triaxial Behavior of Concrete International Association for Bridge and Structural Engineering Proceedings, Vol.19, pp.1-30, 1975.

付録2 コンクリートの圧縮応力～ひずみ曲線の モデル化例

コンクリート強度の違いと横拘束度の影響を考慮した圧縮応力～ひずみ関係のモデル化の例として，修正 Ahmad 式 [A2.1]を紹介します。

圧縮強度到達までの上昇域

$$\sigma = \frac{\left(\dfrac{E_0}{E_P} \dfrac{\varepsilon}{\varepsilon_P} + (D-1.0)\left(\dfrac{\varepsilon}{\varepsilon_P} \right)^2 \right)\sigma_P}{1.0 + \left(\dfrac{E_0}{E_P} - 2.0 \right)\dfrac{\varepsilon}{\varepsilon_P} + D\left(\dfrac{\varepsilon}{\varepsilon_P} \right)^2} \quad (|\varepsilon| \leqq |\varepsilon_P|) \tag{A2.1}$$

$$D = \frac{19.6}{\sigma_B} - \left(\frac{E_B}{E_P} - 1.0 \right)^2 \ (\geqq 1.0 - E_0/E_P) \quad (\text{単位 N/mm}^2) \tag{A2.2}$$

E_0：初期剛性

σ_P：最大圧縮応力

ε_P：最大圧縮応力時のひずみ

E_P：最大圧縮応力点の割線剛性（$=\sigma_P / \varepsilon_P$）

σ_B：一軸圧縮強度

ε_B：一軸圧縮強度時のひずみ

E_B：一軸圧縮強度点の割線剛性（$=\sigma_B / \varepsilon_B$）

圧縮強度到達後のひずみ軟化域（下降域）

$$\sigma = \frac{\left(\dfrac{E_0}{E_P}\left(\dfrac{\varepsilon}{\varepsilon_P}\right)^n + (D-1.0)\left(\dfrac{\varepsilon}{\varepsilon_P}\right)^{2n}\right)\sigma_P}{1.0 + \left(\dfrac{E_0}{E_P}-2.0\right)\left(\dfrac{\varepsilon}{\varepsilon_P}\right)^n + D\left(\dfrac{\varepsilon}{\varepsilon_P}\right)^{2n}} \quad (|\varepsilon|>|\varepsilon_P|) \tag{A2.3}$$

$$n = 0.9 + 3.4\left(\frac{\sigma_B}{98.07}\right)^2 \quad (\text{単位　N/mm}^2) \tag{A2.4}$$

$$D = 1.0 + \frac{176.5}{\sigma_B}\left(\frac{\sigma_P}{\sigma_B}-1.0\right) \quad (\text{単位 N/mm}^2) \tag{A2.5}$$

　ここで，初期剛性と一軸圧縮強度時のひずみは一軸圧縮強度の関数として推定する式が提案されています。以下にそれらの例[A2.2)]を示します。

初期剛性　$E_0 = (0.364\sqrt{\sigma_B} + 0.057) \times 10^4 (\text{単位: N/mm}^2) \tag{A2.6}$

一軸圧縮強度時のひずみ　$\varepsilon_B = 13.97 \times \sigma_B + 1690$ （単位　N/mm², 10^{-6}）

$$\tag{A2.7}$$

参考文献

A2.1) 長沼一洋：三軸圧縮下のコンクリートの応力−ひずみ関係，日本建築学会構造系論文集，第474号，pp.163-170, 1995.8

A2.2) 雨宮　篤，野口　博：超高強度鉄筋コンクリート部材の有限要素解析プログラムの開発（その1），日本建築学会大会学術講演梗概集，構造II，pp.639-640, 1990.10

付録3 三軸応力下のコンクリートの破壊基準

　三軸応力下のコンクリートの破壊試験の結果を比較的良好に再現できる Ottosen の破壊基準 [A3.1]と Willam-Warnke の破壊基準 [A3.2]を紹介します。破壊曲面を記述するための用語と記号の定義は以下の通りです。

σ_B：一軸圧縮強度

$\sigma_1, \sigma_2, \sigma_3$：主応力（圧縮を正）

静水圧軸：主応力空間で $\sigma_1 = \sigma_2 = \sigma_3$ となる軸

偏差平面：主応力空間で静水圧軸に直交する平面

子午面：主応力空間で静水圧軸を含む平面

子午線：子午面と破壊曲面の交線

I_1：応力の一次不変量

$$I_1 = \sigma_1 + \sigma_2 + \sigma_3 \tag{A3.1}$$

J_2：偏差応力の二次不変量

$$J_2 = \frac{1}{6}\left[(\sigma_1 - \sigma_2)^2 + (\sigma_2 - \sigma_3)^2 + (\sigma_3 - \sigma_1)^2\right] \tag{A3.2}$$

ξ：静水圧成分を表わす量

$$\xi = I_1\sqrt{3} \tag{A3.3}$$

r：偏差成分を表わす量

$$r = 2\sqrt{J_2} \tag{A3.4}$$

θ：偏差平面上の位置を表わす量（相似角）

$$\cos\theta = \frac{2\sigma_1 - \sigma_2 - \sigma_3}{2\sqrt{3J_2}} \ (0 \leqq \theta \leqq 60) \tag{A3.5}$$

引張子午線：$\theta = 0$ 度（$\sigma_1 = \sigma_2 > \sigma_3$）の子午線

圧縮子午線：$\theta = 60$ 度　$(\sigma_1 > \sigma_2 = \sigma_3)$の子午線

σ_{oct}：八面体垂直応力：

$$\sigma_{oct} = I_1/3 \tag{A3.6}$$

τ_{oct}：八面体せん断応力：

$$\tau_{oct} = \sqrt{\frac{2}{3}J_2} \tag{A3.7}$$

Ottosen の破壊基準（4 パラメータモデル）[A3.1)]

$$A\frac{J_2}{\sigma_B{}^2} + \lambda\frac{\sqrt{J_2}}{\sigma_B} + B\frac{I_1}{\sigma_B} - 1 = 0 \tag{A3.4}$$

$$\lambda = K_1 \cos\left[\frac{1}{3}\cos^{-1}\left(K_2\cos 3\theta\right)\right] \quad (\cos 3\theta \geqq 0) \tag{A3.5}$$

$$\lambda = K_1 \cos\left[\frac{\pi - \cos^{-1}\left(K_2\cos 3\theta\right)}{3}\right] \quad (\cos 3\theta < 0) \tag{A3.6}$$

$A,\ B,\ K_1,\ K_2$：材料試験結果から決まる係数

Willam-Warnke の破壊基準（5 パラメータモデル）[A3.2)]

$$\tau_{oct} = \frac{2B(B^2 - A^2)C^2 + B(2A - B)\sqrt{4(B^2 - A^2)C^2 + 5A^2 - 4AB}}{4(B^2 - A^2)C^2 + (B - 2A)^2} \tag{A3.7}$$

$$A = \left[a_0 + a_1\left(\frac{\sigma_{oct}}{\sigma_B}\right) - a_2\left(\frac{\sigma_{oct}}{\sigma_B}\right)^2\right]\sigma_B \tag{A3.8}$$

$$B = \left[b_0 + b_1\left(\frac{\sigma_{oct}}{\sigma_B}\right) - b_2\left(\frac{\sigma_{oct}}{\sigma_B}\right)^2\right]\sigma_B \tag{A3.9}$$

$$C = \cos\theta \tag{A3.10}$$

a_0, a_1, a_2, b_0, b_1, b_2：材料試験結果から決まる係数

　表 A3.1 および表 A3.2 にこれらの破壊曲面の形状を決定するための係数を示します。また各圧縮子午線の形状の比較を図 A3.1 に示します。比較的低側圧下では Hatanaka らの係数 [A3.3)]を用いた Ottosen の 4 パラメータモデルが適しており，側圧レベルが高くなると実験データのばらつきが大きく，大沼らの係数 [A3.4)]を用いた Willam-Warnke の 5 パラメータモデルが下限，Hatanaka らの係数を用いた Ottosen の 4 パラメータモデルがほぼ上限となります。

表 A3.1　Ottosen の 4 パラメータモデルの係数

提　案　者	A	B	C	D
Ottosen[A3.1)]	1.2756	3.1962	11.7365	0.9801
Hatanaka ら [A3.3)]	1.2560	4.0300	14.6300	0.9870

表 A3.2　Willam-Warnke の 5 パラメータモデルの係数

提　案　者	a_0	a_1	a_2	b_0	b_1	b_2
大沼，青柳 [A3.4)]	0.0689	0.6868	-0.0964	0.2040	0.8424	-0.1204
Elwi,Murray（Kupfer らの実験）[A3.5)]	0.0630	0.6627	-0.0494	0.1136	1.137	-0.3005
Elwi,Murray（Schickert らの実験）[A3.5)]	0.0692	0.6611	-0.0493	0.1230	1.1505	-0.3155

　三軸圧縮下における圧縮強度時のひずみ ε_P の評価式としては次式 [A3.6)]が提案されています。

$$\varepsilon_P = \varepsilon_B \left(\frac{\sigma_P}{\sigma_B} \right)^{1.8} \tag{A3.11}$$

ε_B：一軸圧縮強度時のひずみ

σ_P：三軸圧縮強度

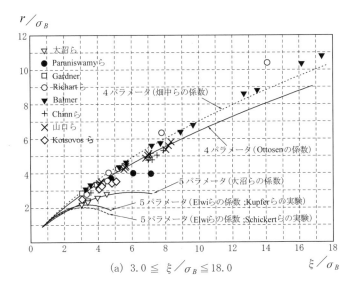

(a) $3.0 \leqq \xi / \sigma_B \leqq 18.0$

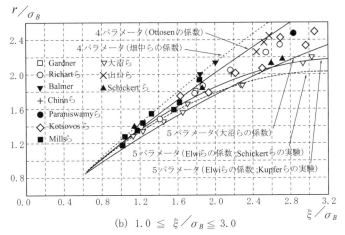

(b) $1.0 \leqq \xi / \sigma_B \leqq 3.0$

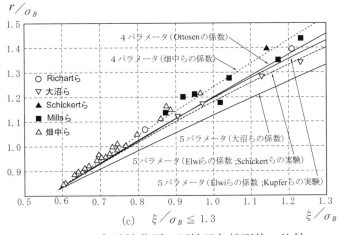

(c) $\xi / \sigma_B \leqq 1.3$

図 A3.1　各破壊曲面の圧縮子午線形状の比較

　　コンクリートの破壊基準による違いが解析結果に及ぼす影響は平面応力場のような二軸応力下の解析ではあまり大きくありませんが，三軸圧縮状態となる場合には結果に大きく影響します。

参考文献

A3.1) Ottosen, N. S. :A Failure Criterion for Concrete, Journal of the Engineering Mechanics Division, ASCE, Vol.103, No.EM4, pp. 527-535, 1977.

A3.2) Willam, K. J. and Warnke, E. P.:Constitutive Model for the Triaxial Behavior of Concrete International Association for Bridge and Structural Engineering Proceedings, Vol.19, pp.1-30, 1975.

A3.3) Hatanaka, S., Kosaka, Y. and Tanigawa, Y. :Plastic Deformational Behavior of Axially Loaded Concrete Under Low Lateral Pressure - An Evaluation Method for Compressive Toughness of Laterally Confined Concretes (Part 1), Transactions of AIJ, No.377, pp.27-40, July 1987.

A3.4) Elwi, A. A. and Murray, D. W. : A 3D Hypoelastic Concrete Constitutive Relationship, Journal of the Engineering Mechanics Division, ASCE, Vol.105, No.EM4, pp.623-641, 1979.

A3.5) 大沼博志, 青柳征夫：三軸圧縮応力下におけるコンクリートの強度特性, 電力中央研究所報告, No.381021, 1981.12

A3.6) 長沼一洋：三軸圧縮下のコンクリートの応力－ひずみ関係, 日本建築学会構造系論文集, 第 474 号, pp.163-170, 1995.8

付録4 コンクリートのテンションスティフニング特性のモデル化例

コンクリートの一軸圧縮強度，鉄筋比，ひび割れ方向のコンクリートの剛性低下の度合いを考慮したテンションスティフニング特性のモデル[A4.1)]を紹介します。図 A4.1 に示すように，縦軸は応力 σ と引張強度 σ_t の比，横軸はひずみ ε をとり，ひび割れ発生点を起点として示しています。基本モデルは直線の下降域と水平領域の 2 折線で表現され，鉄筋比が大きいもの程，下降域の勾配は急になり，コンクリートの圧縮強度が高いもの程，水平領域の応力は低くなります。さらに，水平領域ではひび割れ方向のコンクリートの剛性低下に応じて応力が低下します。下降域から水平領域への移行点（r_m, ε_m），およびコンクリートの剛性低下率 β は次式で与えられます。

$$r_m = 0.6 - \frac{\sigma_B}{176.5} \quad (\geqq 0.0 ; 単位 \ \mathrm{N/mm^2}) \tag{A4.1}$$

$$\varepsilon_m = 0.0016 - 0.024 p_s \ (\geqq 0.0) \tag{A4.2}$$

$$\beta = \frac{E_T}{E_0} \tag{A4.3}$$

σ_B：コンクリートの一軸圧縮強度

p_s：鉄筋比

E_T：ひび割れ方向のコンクリートの接線剛性

E_0：コンクリートの初期剛性

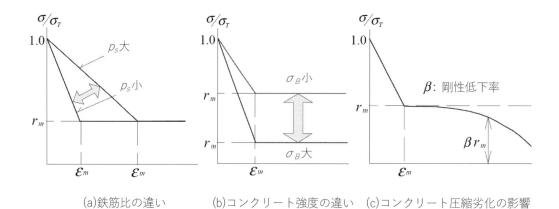

(a)鉄筋比の違い　　　(b)コンクリート強度の違い　(c)コンクリート圧縮劣化の影響

図 A4.1　長沼・山口のテンションスティフニング特性モデル

参考文献

A4.1)　長沼一洋，山口恒雄：面内せん断応力下におけるテンションスティフニング特性
　　　のモデル化，日本建築学会大会学術講演梗概集，構造II，pp.649-650, 1990.10

付録5 コンクリートのひび割れ後の圧縮劣化特性のモデル化例

コンクリートの圧縮強度の低下を一軸圧縮強度，作用圧縮軸応力，および鉄筋量の関数で表現したモデル [A5.1)] を紹介します。面内せん断応力下で鉄筋と斜めに交差するひび割れが生じた後のコンクリートの圧縮強度は一軸圧縮強度に低減係数 λ を乗じて決定します。λ は次式で与えられます。

$$\lambda = \lambda_{ps} + 1.45\eta \quad (\leqq 0.95) \tag{A5.1}$$

$$\lambda_{ps} = 0.74 - \frac{\sigma_B}{255} \quad (\sigma_B < 80 \text{ N/mm}^2 \text{ の場合}) \tag{A5.2}$$

$$\lambda_{ps} = \frac{1.91}{\sigma_B^{0.34}} \quad (\sigma_B \geqq 80 \text{ N/mm}^2 \text{ の場合}) \tag{A5.3}$$

ここで，λ_{ps} は純せん断状態における圧縮強度の低減係数で，図 A5.1 に示すようなコンクリートの一軸圧縮強度の関数です。η は次式で定義される有効圧縮軸応力度比です。

$$\eta = \min(\eta_x, \eta_y) \tag{A5.4}$$

$$\eta_x = \frac{\sigma_{ox} - \sigma_{ocx}}{\sigma_B} \quad (\geqq 0) \tag{A5.5}$$

$$\eta_y = \frac{\sigma_{oy} - \sigma_{ocy}}{\sigma_B} \quad (\geqq 0) \tag{A5.6}$$

$$\sigma_{ocx} = 2.1\, \sigma_B^{0.66} - p_{sx}\, \sigma_{yx} \quad (\geqq 0.0) \tag{A5.7}$$

$$\sigma_{ocy} = 2.1\, \sigma_B^{0.66} - p_{sy}\, \sigma_{yy} \quad (\geqq 0.0) \tag{A5.8}$$

σ_B：一軸圧縮強度

σ_{ox}：横筋方向の作用圧縮軸応力（圧縮を正）

σ_{oy}：縦筋方向の作用圧縮軸応力（圧縮を正）

p_{sx}：横筋比

σ_{yx}：横筋の降伏点

p_{sy}：縦筋比

σ_{yy}：縦筋の降伏点

　強度低減係数 λ と有効圧縮軸応力度比 η の関係を図 A5.2 に示します。なお，縦横筋の方向とひび割れ方向の成す角度がいずれも 30 から 60 度の範囲外の場合は，λ は 1.0 とします。

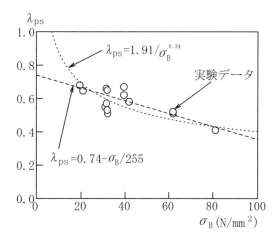

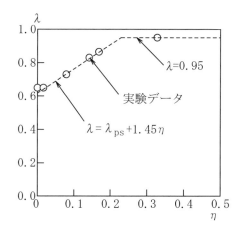

図 A5.1 コンクリートの圧縮強度低減係数と一軸圧縮強度の関係

図 A5.2 コンクリートの圧縮強度低減係数と有効圧縮軸応力度比の関係

参考文献

A5.1) 長沼一洋：鉄筋コンクリート壁状構造物の非線形解析手法に関する研究（その 1 ），平面応力場における鉄筋コンクリート板の非線形解析モデル，日本建築学会構造系論文報告集，第 432 号，pp.39-48, 1991.3

付録6 コンクリートの繰り返し応力下の履歴特性のモデル化例

地震力のような正負繰返し荷重に対する解析を行う場合には，繰返し応力下の履歴特性のモデル化が必要です。最も簡単なモデルは圧縮，引張共，除荷時には原点に向かって直線で戻る原点指向型ですが，実際の挙動を精度よく再現するためには，除荷時には塑性ひずみが残り，除荷−再載荷の間にエネルギーを消費するようなモデルが望ましいと言えます。ここでは，それらの特徴を考慮したモデル [A6.1)] を紹介します。

圧縮応力下の履歴特性を図 A6.1 に示します。図中の記号の意味は以下の通りです。

P：圧縮強度到達点（ε_P, σ_P）

E：除荷開始点（ε_E, σ_E）

C：除荷曲線と再載荷曲線の交点（ε_C, σ_C）

R：再載荷開始点（ε_R, σ_R）

Z：除荷後に応力が零となる点（ε_Z, σ_Z）

各点間は以下のように結ばれます。

E−C 間：直線（剛性は E−Z 間割線剛性の α_1 倍）

C→Z 間：二次曲線（点 C で剛性連続）

R−C 間：二次曲線（点 R の剛性は除荷時の α_2 倍）

C→包絡線：直線（点 C で剛性連続）

Z→引張側：ひび割れ発生まで直線

点 C の応力 σ_C は次に示す Darwin らの提案 [A6.2)] に従う。符号は圧縮を負とします。

$$\sigma_C = \frac{5}{6}\sigma_E \quad (\varepsilon_E \geqq \varepsilon_P) \tag{A6.1}$$

$$\sigma_C = \min\left(\frac{2}{3}\sigma_E, \ \sigma_E - \frac{1}{6}\sigma_P\right) \quad (\varepsilon_E < \varepsilon_P) \tag{A6.2}$$

206

除荷後の残留ひずみ ε_Z は次に示す Karsan らの提案式 [A6.3] に従います。

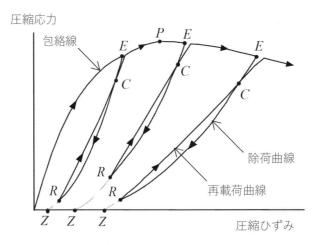

図 A6.1 コンクリートの圧縮側の履歴特性

$$\varepsilon_Z = \left[0.145 \left(\frac{\varepsilon_E}{\varepsilon_P} \right)^2 + 0.127 \left(\frac{\varepsilon_E}{\varepsilon_P} \right) \right] \varepsilon_P \tag{A6.3}$$

式(A6.3)は ε_E が約 $4\varepsilon_P$ を超えると E−Z 間の割線剛性 E_{EZ} が減少から増加に転じ，ε_E がおよそ $6\varepsilon_P$ を超えると E_{EZ} が負になるなどの不合理な点があることから，ε_E が $4\varepsilon_P$ 以上の場合には ε_E の増大に伴って E_{EZ} が漸減し続けるように次式で算定します。

$$\varepsilon_Z = \left(\frac{\varepsilon_E}{\varepsilon_P} - 1.172 \right) \varepsilon_P \quad (|\varepsilon_E| \geqq 4.0 |\varepsilon_P|) \tag{A6.4}$$

包絡線上からの除荷開始時の剛性 E_E は E_{EZ} に比例するものとして，次式で与えます。

$$E_E = \alpha_1 E_{EZ} \quad (\leqq E_0 : 初期剛性) \tag{A6.5}$$

係数 σ_1 は実験との対応性から 1.5 とします。また，点 Z での剛性が零以下にならないとの条件から，E_E の上限を次式で規定します。

$$E_E \leqq \frac{2\sigma_E}{\varepsilon_E - \varepsilon_Z} \tag{A6.6}$$

　包絡線上の除荷開始点 E から点 C までの間は直線とし，その後は次式に示す二次曲線で応力零の点 Z に向かうものとします。

$$\sigma = a\varepsilon^2 + b\varepsilon + c \tag{A6.7}$$

　ここで，定数 a, b, c は点 C と点 Z を通過し，点 C で剛性 E_E であるとの条件より，以下のように求められます。

$$a = \frac{E_E(\varepsilon_E - \varepsilon_Z) - \sigma_E}{(\varepsilon_E - \varepsilon_Z)^2} \tag{A6.8}$$

$$b = \varepsilon_E - 2a\varepsilon_E \tag{A6.9}$$

$$c = \sigma_E - a\varepsilon_E^2 - b\varepsilon_E \tag{A6.10}$$

　再載荷時の剛性は直前の除荷剛性に対して σ_2 倍に増大するものとして，係数 σ_2 は点 R が点 C に一致する場合に 1.0，点 R が点 Z に一致する場合に σ_{2Z} とし，その間は線形補完して次式で与えます。但し，再載荷剛性は初期剛性を越えないものとします。

$$\alpha_2 = \frac{(\alpha_{2Z} - 1.0)}{(\varepsilon_Z - \varepsilon_C)}(\varepsilon_R - \varepsilon_C) + 1.0 \tag{A6.11}$$

$$\alpha_{2Z} = 2.0 \quad \left(\frac{\varepsilon_E}{\varepsilon_P} \leqq 1.0\right) \tag{A6.12}$$

　圧縮強度到達後のひずみ軟化域からの除荷では，点 Z における剛性がかなり小さくなり，$\sigma_{2Z} = 2.0$ では実験の再載荷時の剛性と履歴面積を過小評価するため，次式により ε_E の増大に伴って σ_{2Z} を大きくすることで，再載荷時の剛性と履歴面積の対応性を向上させます。

$$\alpha_{2Z} = 2.0 \frac{\varepsilon_E}{\varepsilon_P} \left(\frac{\varepsilon_E}{\varepsilon_P} > 1.0\right) \tag{A6.13}$$

　再載荷は式(A6.7)と同様の二次曲線で点 R から点 C に向かいます。再載荷状態から再び除荷に転じる場合は図 A6.2(a)に示すように，点 Z に二次曲線で向かうものとし，点 Z での剛性 E_Z を，最後に包絡線から除荷した時の E_Z に一致させます。その後，再び載荷に転じた場合は，その点を新たな点 R と定義し直し，前述の方法で点 C に向かいます。

　その後の点 Z と点 C の間の繰返しに対しては，点 Z と点 C を固定して扱います。但し，点 C と包絡線の間で除荷が生じた場合には，図 A6.2(b)に示すように，包絡線からの

除荷曲線がその点を通るように点 C と点 Z を定義し直します。この方法によって，ある応力振幅での除荷，再載荷の繰返しによって，ひずみが漸増する現象を定性的に再現することができます。

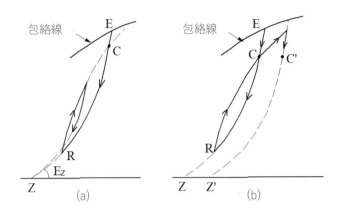

図 A6.2 コンクリートの圧縮応力下の除荷－再載荷－再除荷時のルール

図 A6.3 にコンクリートに繰返し圧縮載荷を行った実験結果 [A6.3] とモデルの比較を示します。

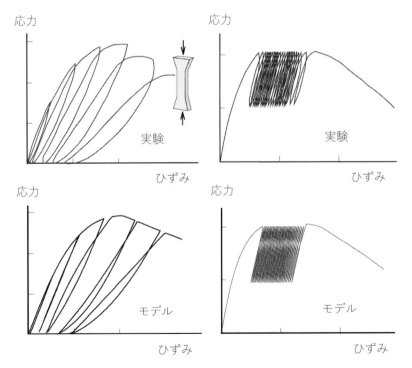

図 A6.3 コンクリートの圧縮履歴特性の実験結果 [A6.3] とモデルの比較

　コンクリートの引張側の履歴特性は，ひび割れ発生までは線形弾性とします。引張応力下の履歴特性を図 A6.4 に示します。図中の記号の意味は以下の通りです。

　　　T：ひび割れ発生点（ε_T，σ_T）

　　　G：除荷開始点（ε_G，σ_G）

　　　L：除荷曲線と再載荷曲線の交点（ε_L，σ_L）

　　　R：再載荷開始点（ε_R，σ_R）

　　　H：除荷後に応力が零となる点（ε_H，σ_H）

　　　各点間は以下のように結ばれる。

　　　G−L 間：直線（剛性は G-H 間割線剛性の α_3 倍）

　　　L→H 間：二次曲線（点 L で剛性連続）

　　　R−L 間：二次曲線（点 R の剛性は除荷時の α_4 倍）

　　　L→包絡線：直線（点 L で剛性連続）

　G−H 間の割線剛性 E_{GH} は除荷開始点のひずみの増大に伴って減少するものとして，ひび割れ時のひずみ ε_T を用いて次式で与えます。

$$E_{GH} = \frac{\varepsilon_T}{\varepsilon_G} E_0 \quad (E_0：初期剛性) \tag{A6.14}$$

　圧縮側と同様に，除荷開始時の剛性 E_G は G−H 間の割線剛性 E_{GH} に比例するものとして，次式で与えます。

$$E_G = \alpha_3 E_{GH} \quad (\leqq E_0：初期剛性) \tag{A6.15}$$

　係数 σ_3 は実験との対応性から 1.5 とします。但し，除荷剛性は初期剛性を越えないものとします。点 G から点 L までの間は直線とし，その後は応力零の点 H に式(A6.7)と同様の二次曲線で向かうものとします。

　再載荷時の剛性に関しても圧縮側と同様に，直前の除荷剛性の σ_4 倍に増大するものと仮定し，係数 σ_4 は点 R が点 L に一致する場合は 1.0，点 R が点 H に一致する場合は σ_{4H} とし，その間は線形補完して次式で与えます。但し，再載荷剛性は初期剛性を越えないものとします。

210

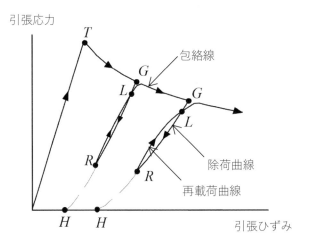

図 A6.4 コンクリートの引張側の履歴特性

$$\alpha_4 = \frac{(\alpha_{4H} - 1.0)}{(\varepsilon_H - \varepsilon_L)}(\varepsilon_R - \varepsilon_L) + 1.0 \tag{A6.16}$$

$$\alpha_{4H} = \frac{\varepsilon_L}{\varepsilon_T} \tag{A6.17}$$

　再載荷は点 R から点 L に式(A6.7)と同様の二次曲線で向かうものとし，点 L の応力 σ_L は次式で与えます。

$$\sigma_L = 0.9\sigma_G \tag{A6.18}$$

　点 H と点 L の間で除荷，再載荷を繰り返す場合は，圧縮の場合と同様に点 H と点 L を固定します。再載荷後に点 L と包絡線の間で再び除荷となる場合も，圧縮の場合と同様に包絡線からの除荷曲線が再除荷点を通るように点 L と点 H を定義し直します。このモデルでは，包絡線からの除荷点のひずみが増大する程，除荷および再載荷剛性が低下し，履歴面積が大きくなる特徴を再現することができます。

　図 A6.5 にコンクリートに繰返し引張載荷を行った実験結果 [A6.4) とモデルの比較を示します。

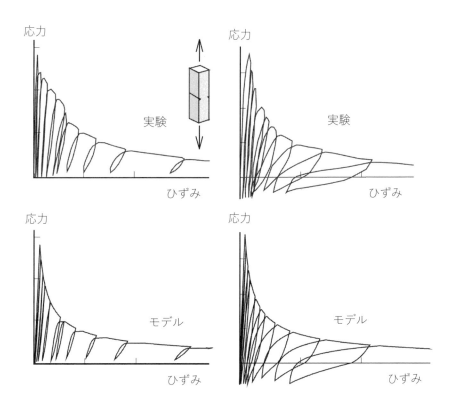

図 A6.5　コンクリート引張履歴特性の実験結果 [A6.4])とモデルの比較

　次に，引張−圧縮間の履歴特性は図 A6.6 に示すようにモデル化します。図中の記号の意味は以下の通りです。

　　　J：引張除荷曲線から圧縮包絡線への移行点（ε_J, σ_J)

　　　K：圧縮除荷曲線から引張再載荷曲線への移行点（ε_K, σ_K)

　　各点間は以下のように結ばれます。

　　　H→J 間：対数曲線（点 J で剛性連続）

　　　J→C 間：二次曲線（点 J で剛性連続）

　　　C→K 間：二次曲線（点 K は C→Z への除荷曲線上）

　　　K→L 間：対数曲線（点 K で剛性連続）

212

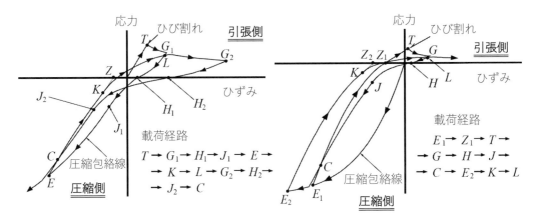

(a)引張でひび割れ後に圧縮側に移行する場合　(b)圧縮からの除荷後に引張側に移行する場合

図 A6.6　コンクリートの引張－圧縮間の履歴特性モデル

　引張側からの除荷で応力が零となる点 H から点 J に向かう曲線，および点 K から引張側の除荷曲線との交点 L に向かう曲線を，次式に示す対数曲線で表現します。

$$\sigma = \left(\log_e(\varepsilon + a) + b\right) - c \tag{A6.19}$$

a, b, c は係数で，2 点を通過し，その内の 1 点における剛性から決定することができます。

　点 J の応力 σ_J は引張強度 σ_T（ひび割れ発生応力）に比例するものと仮定して次式で与えます。

$$\sigma_J = -\alpha_5 \sigma_T \tag{A6.20}$$

　既往の実験結果より，除荷開始点のひずみが大きい程，点 J の応力も大きくなる傾向が見られることから，係数 σ_5 を ε_L の関数として，次式で算定します。

$$\alpha_5 = 1.0 + 0.02\left(\frac{\varepsilon_L - \varepsilon_T}{\varepsilon_T}\right) \tag{A6.21}$$

　点 K の応力 σ_K は点 J の応力に比例するものと仮定して，実験結果を参考に，次式で与えます。

$$\sigma_K = 0.5\sigma_J \tag{A6.22}$$

　圧縮側から除荷した後にひび割れが生じる場合は，圧縮履歴によるコンクリートの劣化が剛性低下に現れていると思われ，引張強度もその影響で小さくなるものと考えて，引張強度 σ_T を次式で低減します。

$$\sigma_T = \sigma_{To} \frac{E_{EZ}}{E_o} \tag{A6.23}$$

　σ_{To}：圧縮履歴を受けない場合の引張強度

　図 A6.6(b)に示すように，圧縮包絡線から除荷した後に引張側に移行する場合は，点 Z から点 T（ひび割れ発生点）までは点 Z における除荷剛性で直線とし，ひび割れ発生後は点 Z を原点と考えて引張側の除荷・再載荷ルールを適用します。

　図 A6.7 に鉄筋コンクリート平板に繰返し純せん断加力を行って得られた主方向（斜め45 度方向）の応力とひずみの関係の実験結果 [A6.5)] と本モデルの比較を示します。

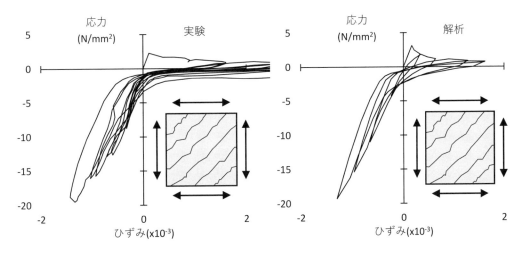

図 A6.7　コンクリートの引張－圧縮間の履歴特性の実験結果 [A6.5)] とモデルの比較

参考文献

A6.1)　長沼一洋，大久保雅章：繰返し応力下における鉄筋コンクリート板の解析モデル，日本建築学会構造系論文集，第 536 号，pp.135-142，2000.10

A6.2)　Darwin, D. and Pecknold ,D.A.: Nonlinear Biaxial Stress - Strain Law for Concrete, Journal of the Engineering Mechanics Division, ASCE, Vol.103, No.EM2, pp.229-241, 1977.

A6.3) Karsan, I. D. and Jirsa, J. O. :Behavior of Concrete Under Compressive Loadings, Journal of the Structural Division, ASCE, Vol.95, No.ST12, pp.2543-2563, 1969.

A6.4) Yankelevsky,D.Z. and Reinhardt,H.W.:Uniaxial Behavior of Concrete in Cyclic Tension, Journal of the Structural Division,ASCE,Vol.115,No.1,pp.166-182,Jan.,1989.

A6.5) Stevens, N. J., Uzumeri, S. M., and Collins, M. P. : Analytical Modeling of Reinforced Concrete Subjected to Monotonic and Reversed Loadings, Pub. No.87-1, Department of Civil Engineering, Univ. of Toronto, Jan. 1987.

付録7 コンクリートのひび割れ後のせん断伝達特性のモデル化例

　鉄筋コンクリート平板の面内せん断実験の結果に基づいて誘導したモデル[A7.1]を紹介します。このモデルでは，ひび割れ方向のせん断応力 τ_{nt} とせん断ひずみ γ_{nt} の関係を鉄筋比，鉄筋降伏点，ひび割れ直交方向の垂直ひずみ ε_t の関数として定義します。図 A7.1 にひび割れ方向のせん断応力 τ_{nt} とせん断ひずみ γ_{nt} の関係を示します。最大応力点は $(\tau_{ntmax},\ \gamma_{ntmax})$ で，$\gamma_{ntmax} = \varepsilon_t$ と仮定します。

$$\tau_{nt} = \frac{\tau_{ntmax}(2.0 - d\varepsilon_t)}{1.0 - d\gamma_{nt} + \left(\frac{\gamma_{nt}}{\varepsilon_t}\right)^2} \cdot \frac{\gamma_{nt}}{\varepsilon_t} \tag{A7.1}$$

$$\tau_{ntmax} = \frac{\tau_{du}}{1.0 + 25700\varepsilon_t^{\,2}} \tag{A7.2}$$

$$\tau_{du} = \tau_{dux}\cos^2\varphi + \tau_{duy}\sin^2\varphi \tag{A7.3}$$

$$\tau_{dux} = 1.38 + 0.8\,p_{sx}\sigma_{yx} \quad (\leqq 0.3\sigma_B ; 単位\ \mathrm{N/mm^2}) \tag{A7.4}$$

$$\tau_{duy} = 1.38 + 0.8\,p_{sy}\sigma_{yy} \quad (\leqq 0.3\sigma_B ; 単位\ \mathrm{N/mm^2}) \tag{A7.5}$$

$$d = \frac{2.03}{\varepsilon_t} - 100 \tag{A7.6}$$

φ：ひび割れと鉄筋軸が成す角度

p_{sx}：横筋比

σ_{yx}：横筋の降伏点

p_{sy}：縦筋比

σ_{yy}：縦筋の降伏点

σ_B：コンクリートの一軸圧縮強度

ε_t：ひび割れ直交方向の垂直ひずみ

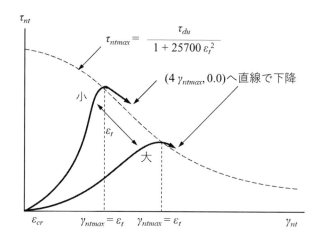

図 A7.1 ひび割れ方向のせん断応力 τ_{nt} － せん断ひずみ γ_{nt} 関係の包絡線

　このモデルは正負繰返し載荷に対しても適用可能で，履歴特性モデル[A7.2)]を図 A7.2 に示します。図中の記号の意味は以下の通りです。

　　D：包絡線からの除荷開始点（γ_D，τ_D）

　　F：除荷後に応力が零となる点（γ_F，0.0）

　　R：再載荷開始点（γ_R，τ_R）

　　M：除荷曲線と再載荷曲線の交点（γ_M，τ_M）

各点の間は次のように結ばれます。

　　D→F：四次曲線（点 F で剛性零）

　　F→原点：応力零を保持（τ ＝0.0）

　　R→包絡線：四次曲線（点 M 通過）

四次曲線は次式で表現されます。

$$\tau = a(\gamma - b)^4 \tag{A1.7}$$

　ここで，a, b は係数で，点 D→F 間は，$b=\gamma_F$，a は点 D を通過する条件より決まります。

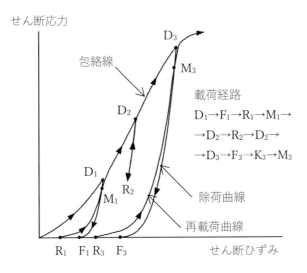

せん断応力

D₃

包絡線

M₃

載荷経路

$D_1 \rightarrow F_1 \rightarrow R_1 \rightarrow M_1 \rightarrow$
$\rightarrow D_2 \rightarrow R_2 \rightarrow D_2 \rightarrow$
$\rightarrow D_3 \rightarrow F_3 \rightarrow K_3 \rightarrow M_3$

D₂

D₁

R₂

M₁

除荷曲線

再載荷曲線

R₁　F₁ R₃　F₃　　　　せん断ひずみ

図 A7.2　ひびわれ方向のせん断応力～せん断ひずみの履歴特性

　点 F のひずみ γ_F は包絡線上の除荷開始点 D のひずみ γ_D に比例するものと仮定して次式で与えます。

$$\gamma_F = 0.5\gamma_D \quad (\leq \gamma_D - \frac{4\tau_D}{G_o}) \tag{A7.8}$$

　式(A7.8)の括弧内の制限は，除荷開始時の剛性が初期せん断剛性 G_0 を越えないとの条件を満たすためのものです。点 R→包絡線間では，点 R と点 M の 2 点を通過する条件より定数 a, b を決定できます。点 M の応力 σ_M は包絡線上の除荷点 D の応力 σ_D を用いて次式で与えます。

$$\sigma_M = 0.9\sigma_D \tag{A7.9}$$

参考文献

A7.1) 長沼一洋：鉄筋コンクリート壁状構造物の非線形解析手法に関する研究（その 1），

平面応力場における鉄筋コンクリート板の非線形解析モデル，日本建築学会構造系論文報告集，第 432 号，pp.39-48, 1991.3

A7.2) 長沼一洋, 大久保雅章：繰返し応力下における鉄筋コンクリート板の解析モデル，日本建築学会構造系論文集，第 536 号，pp.135-142, 2000.10

付録8 鉄筋とコンクリート間の付着すべり特性のモデル化例

　高次の関数を用いて鉄筋とコンクリート間の付着すべり挙動を表現したモデル[A8.1]を紹介します。まず，付着強度到達までの付着応力 τ－すべり S 関係包絡線は次式で表現します。

$$\tau = \frac{\tau_{max}(2.0 - d \cdot S_{max})}{1.0 - d \cdot S + \left(\dfrac{S}{S_{max}}\right)^2} \cdot \frac{S}{S_{max}} \tag{A8.1}$$

　ここで，d は曲線の形状を決める係数で，最大強度点の割線剛性と初期剛性の比率から求めます。初期剛性(K_o)は最大強度点の割線剛性(K_{Smax})の 20 倍と仮定します（次式）。

$$K_o = 20 \cdot K_{S\,max} = 20 \cdot \left(\frac{\tau_{max}}{S_{max}}\right) \tag{A8.2}$$

　式(A8.1)を S で偏微分して求められる接線剛性の式において，S=0.0 として式(A8.2)を代入することで，係数 d は次式のように表されます。

$$d = \frac{2.0 - \dfrac{K_o}{K_{S\,max}}}{S_{max}} = -\frac{18.0}{S_{max}} \tag{A8.3}$$

　包絡線からの除荷および再載荷曲線を図 A8.1 (a)に示します。図中の各記号の意味は以下の通りです。

　　　E：除荷開始点（S_E, τ_E）

　　　C：除荷曲線と再載荷曲線の交点（S_C, τ_C）

　　　R：再載荷開始点（S_R, τ_R）

　　　N：除荷後に剛性が零となる点（S_N, τ_N）

　　　M：再載荷後に剛性が零となる点（S_M, τ_M）

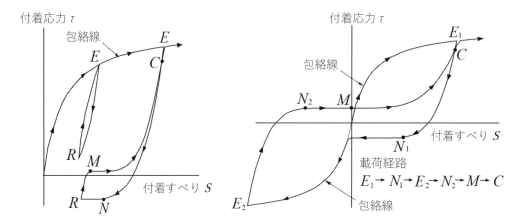

(a)包絡線からの除荷・再載荷ルール   (b)逆方向載荷を含む履歴ルール

図 A8.1　Naganuma らの付着応力～すべり関係のモデル[A8.1]

各点間は以下のように結ばれます。

　　E→N 間：四次曲線（次式；点 N で剛性零)

$$\tau = a\bigl(S - S_N\bigr)^4 + \tau_N \tag{A8.4}$$

　ここで，a は定数で，点 N で剛性零となる条件より決定されます。S_N は除荷点 E における剛性が初期剛性に一致するとの条件より求められます。τ_N は森田・角による提案[A8.2]に従い，次式で与えます。

$$\tau_N = -0.18 \cdot \tau_E \tag{A8.5}$$

　　N→R 間：直線（応力 τ_N で一定；剛性零）

　　R→M 間：E→N 間と同様の四次曲線（点 R が点 E，点 M が点 N に対応；点 M で剛性零)

$$\tau_M = -0.18 \cdot \tau_R \tag{A8.6}$$

　　M→包絡線：E→N 間と同様の四次曲線（点 M で剛性零；点 C を通過)

　点 C の応力 τ_C は森田・角による提案[A8.2]に従い，次式で与えます。

$$\tau_C = 0.9 \cdot \tau_E \tag{A8.7}$$

　なお，除荷後に点 N に到達する前に再載荷となる場合は，再載荷点 R を基点として，除荷曲線と逆対称となる曲線（次式）で除荷開始点 E に向かうものとします。

$$\tau = -a(S-b)^4 + c \qquad\qquad (A8.8)$$

　ここで，上式の定数 a は式(A8.4)で求められる値，定数 b，c は点 E を通過する条件と，点 R での剛性が初期剛性に等しいとの条件から求められます。

　すべりが逆向きになるような大きな振幅を受ける場合の繰返し履歴特性を図 A8.1(b) に示します。まず，除荷後に点 N を通過し，逆方向の包絡線に達するまでは応力 τ_N で一定（剛性零）の直線とし，以後は包絡線上をたどります。逆方向の包絡線からの除荷後は，剛性が零となる点 N に達した後，応力一定の直線となり，すべりが零となる点を M として，E→N 間と同様の四次曲線で点 M から包絡線に向かいます。即ち，式(A8.4)で点 N を点 M として，定数 a は点 C を通過するとの条件から求められます。

参考文献

A8.1)　Naganuma, K., Yonezawa, K., Kurimoto, O. and Eto, H. : Simulation of Nonlinear Dynamic Response of Reinforced Concrete Scaled Model Using Three-Dimensional Finite Element Method, 13th World Conference on Earthquake Engineering, Paper No.586, August 2004

A8.2)　森田司郎，角　徹三：繰返し荷重下における鉄筋とコンクリート間の付着特性に関する研究，日本建築学会論文報告集，第 229 号，pp.15-24, 1975.3

付録 9 疑似離散型ひび割れモデル

本編において説明した通り，FEM におけるひび割れの扱いには離散ひび割れモデル
と分散ひび割れモデルの二種類がありますが，双方の特徴を生かし，かつ短所を補うた
めに開発したのが疑似離散型ひび割れモデル（Discrete-Like Crack Model: DLCM）[A9.1]で
す。

分散ひび割れモデルで想定される理想的な状態では，補強材の付着長さ l_d がひび割れ
間隔の半分に相当します。しかしこのような理想状態が実験室外で生成されることはほ
とんどなく，程度の差こそあれ不整が残ります。そこで疑似離散型ひび割れモデルにお
いては，付着問題に関する基礎常微分方程式の一般解を導くことによって，ひび割れ幅
を精算します。補強材が弾性状態にある場合，この常微分方程式は式(A9.1)により与えら
れます。

$$\frac{d^2S}{dx^2} = \frac{S_1}{\tau_{b1}} \cdot \lambda^2 \cdot \tau_b \tag{A9.1}$$

ここに，

$$\lambda = \sqrt{\frac{4 \cdot \tau_{b1}}{d_b \cdot S_1}\left(\frac{1}{E_s} + \frac{\rho_s}{E_c}\right)} \tag{A9.2}$$

です。また，d_b＝補強材直径，E_c＝補強材の弾性係数，E_s＝コンクリートの弾性係数，
ρ_s＝補強材断面積比，τ_{b1}＝付着応力特性値（図 A9.1），S_1＝付着すべり特性値（同），
x＝定着長さ方向の座標（付着すべり＝0 の位置を原点とする）です。本式は図 A9.1 にお
ける付着応力～すべり関係の包絡線上，除荷・再載荷経路上のいずれにあっても成立し
ます。一方，補強材が降伏した場合，式(A9.2)の β を式(A9.3)の β_p に置き換えます。

$$\lambda_p = \sqrt{\frac{4 \cdot \tau_{b1}}{d_b \cdot S_1}\left(\frac{1}{E_{sh}} + \frac{\rho_s}{E_c}\right)} \tag{A9.3}$$

ここに，E_{sh}＝補強材のひずみ硬化係数です。補強材が降伏し，かつ付着応力とすべり
が除荷・再載荷経路上にある場合に限り，常微分方程式は式(A9.4)により与えられます。

$$\frac{d^2S}{dx^2} = \frac{S_1}{\tau_{b1}} \cdot \left\{\left(\lambda_p^2 - \lambda^2\right) \cdot \tau_{bu} + \lambda^2 \cdot \tau_b\right\} \tag{A9.4}$$

ここに，τ_{bu} = 除荷開始時の付着応力です。

上記の方程式の解から得た付着応力に基づき，コンクリート引張応力の再配分を実行します。コンクリート引張応力の解放分 Δa_b は式(A9.5)により与えられます。

$$\Delta\sigma_{cb} = \frac{4\rho_s}{d_b}\left(\int_0^x \tau_b \cdot dx - \int_0^{ld} \tau_b \cdot dx\right)(<0) \tag{A9.5}$$

ここで，上式から導かれる補強材ひずみの付着長さ区間内平均値が，同区間の有限要素の補強材方向のひずみ平均値に一致するよう，境界条件を設定します。区間境界では変形を適合させますが，区間内部での変形の不適合を許容します。当該計算ステップで誤差が残る形になりますが，新たな節点を追加する必要が無く，解析が進行するにつれて誤差も解消して行きます。

図 A9.2 および図 A9.3 に，RC 片持ち梁におけるひび割れ分布特定過程の例を示します。図 A9.1(b)の網掛けした領域は，梁の根本にある 1 番目と 2 番目の曲げひび割れの付着長さ区間 l_d を示します。この領域において，式(9.5)により定義したコンクリート応力 Δa_b が解放され，再配分後の応力 σ_c がひび割れ応力 σ_{cr} を下回れば，ひび割れは発生しないものと判定します。

その一方，図 9.4 に示すように，隣接する要素のひび割れによって新たなひび割れが誘発される場合もあります。隣接要素からの誘発応力 $\Delta\sigma_{ce}$ は式(A9.6)により与えます。

$$\Delta\sigma_{ce} = 0.5\sigma_{cr} \tag{A9.6}$$

再配分後のコンクリート応力 σ_{cnew} は，旧応力 σ_{cold}，解放応力 $\Delta\sigma_{cb}$，誘発応力 $\Delta\sigma_{ce}$ の和として式(A9.7)により与えられます。

$$\sigma_{cnew} = \sigma_{cold} + \Delta\sigma_{cb} + \Delta\sigma_{ce} \tag{A9.7}$$

再配分後応力 σ_{cnew} がひび割れ応力 σ_{cr} を上回れば，ひび割れ発生と判定します。

本例における 2 番目の曲げひび割れは，1 番目のひび割れとの間にずれがあります。そこで連続的なひび割れとするよう，2 番目のひび割れの重心を図 A9.5 のように移動します。

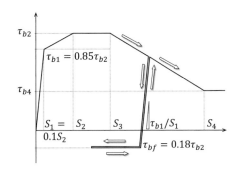

図 A9.1 付着応力～すべり
多点折線モデル

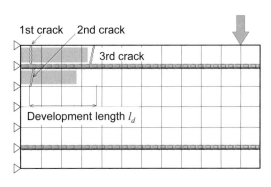

図 A9.2 付着長さ区間における
再配分

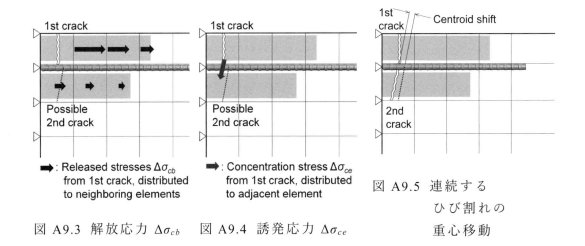

➡ : Released stresses $\Delta\sigma_{cb}$
from 1st crack, distributed
to neighboring elements

➡ : Concentration stress $\Delta\sigma_{ce}$
from 1st crack, distributed
to adjacent element

図 A9.5 連続する
ひび割れの
重心移動

図 A9.3 解放応力 $\Delta\sigma_{cb}$　　図 A9.4 誘発応力 $\Delta\sigma_{ce}$

付着応力～すべり関係と鉄筋応力～ひずみ関係のモデル化

付着挙動のモデル化にあたり，以下の8つの条件と仮定を用います。

(1) 付着モデルは，比較的よく拘束された柱，梁や，付着の良好な壁などへの適用を想定します。付着すべりは正側にとどまるものと仮定し，負側への反転は考慮しません。接合部，柱，梁などにおいて付着割裂破壊により過大すべりが生じる場合は，付着リンク要素を併用して算定します。

(2) 付着応力～すべり関係の包絡線は多点折線でモデル化します。この多点折線は，(i)第1勾配，(ii)第2勾配，(iii)平坦部，(iv)軟化勾配，(v)残留摩擦応力域の5つの部分からなります（図 A9.6）。

(3) 鉄筋降伏による付着強度低減を考慮します。本来，強度低減率は鉄筋ひずみの分布に応じて変化するが，ここでは付着区間にわたって付着強度低減率が一定の平均値を取るものと仮定します。低減率は，鉄筋ひずみが減少しても回復しないものと仮定します。

(4) 付着応力〜すべり関係における除荷経路と再載荷経路を同一と仮定します[A9.2)]。

(5) すべりの大きさに関わらず，除荷・再載荷勾配は一定とします[A9.2)]。

(6) 除荷経路と再載荷経路は，負摩擦応力経路を含むものとします。

(7) 載荷繰返し回数による付着強度低減は考慮しません。

(8) 鉄筋応力〜ひずみ関係はバイリニアの移動硬化則を仮定します。

　鉄筋降伏後の付着強度低減については，　fib Model Code 2010[A9.3)]に基づいて，低減係数 Ω_y を(A9.8)式で与えます。

$$\Omega_y = 1.0 - 0.85 \cdot \left[1 - exp\left\{ -5 \cdot \left(\frac{\varepsilon_s - \varepsilon_{sy}}{\varepsilon_{st} - \varepsilon_{sy}} \right)^{\{2-(\sigma_{st}/\sigma_{sy})\}^2} \right\} \right] \tag{A9.8}$$

　ε_s は鉄筋ひずみ，ε_{sy} は鉄筋降伏ひずみ，ε_{st} は鉄筋引張強度時ひずみ，σ_{sy} は鉄筋降伏応力，σ_{st} は鉄筋引張強度である。除荷・再載荷経路は(A9.9)式で与える。

$$\tau = max\left\{ -\tau_f, \quad \alpha_u \cdot \frac{\tau_1}{S_1} \cdot (S - S_u) + \tau_u \right\} \tag{A9.9}$$

　ここに

$$\alpha_u = 200 \,\text{N/mm}^3 \times \frac{S_1}{\tau_1} \tag{A9.10}$$

　τ_u は除荷開始時の付着応力，τ_f は負摩擦付着応力，S_u は除荷開始時のすべりです。除荷勾配である 200 N/mm³ は，fib Model Code 2010[A9.3)]に基づいて決定しています。鉄筋応力〜ひずみ関係は上述の通り，移動硬化則に基づくバイリニア仮定とます。計算の都合上，図 A9.7 に示すようにひずみ ε_s を塑性ひずみ ε_{sp} と有効ひずみ $\varepsilon_s{'}$ に分割します。

　以下に(A9.4)式の誘導を示します。まずすべり，鉄筋ひずみ，およびコンクリートひずみの適合を(A9.11)式で与えます。

$$\frac{dS}{dx} = \varepsilon_{sp} + \varepsilon'_s - \varepsilon_c - \varepsilon_{cd} \tag{A9.11}$$

226

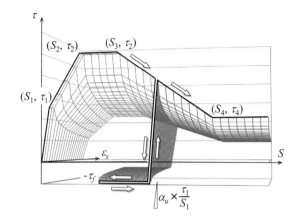

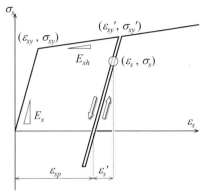

図 A9.6　付着応力〜すべり関係の
　　　　多点折線モデル

図 A9.7　鉄筋応力〜ひずみ関係の
　　　　モデル化

ここに，ε_{sp}は鉄筋塑性ひずみ，ε'_sは鉄筋有効ひずみ（図 A9.7 参照），ε_cはコンクリートひずみ，ε_{cd}はコンクリート自己ひずみ（乾燥収縮ひずみ，クリープ，および熱膨張）です。除荷過程におけるひずみは，それぞれ次のように書き換えられます。

$$\varepsilon'_s = \varepsilon'_{su} + \Delta\varepsilon'_s \tag{A9.12}$$

$$\varepsilon_c = \varepsilon_{cu} + \Delta\varepsilon_c \tag{A9.13}$$

$$\varepsilon_{cd} = \varepsilon_{cdu} + \Delta\varepsilon_{cd} \tag{A9.14}$$

ε'_{su}は除荷開始時の鉄筋有効ひずみ，$\Delta\varepsilon'_s$は鉄筋の除荷開始時からの有効ひずみ減分，ε_{cu}は除荷開始時のコンクリートひずみ，$\Delta\varepsilon_c$はコンクリートの除荷開始時からひずみ減分，ε_{cdu}は除荷開始時のコンクリート自己ひずみ，$\Delta\varepsilon_{cd}$はコンクリートの除荷開始時から自己ひずみ減分です。(A9.12)〜(A9.14)式を(A9.11)式に代入して(A9.15)式を得ます。

$$\frac{dS}{dx} = \varepsilon_{sp} + \varepsilon'_{su} + \Delta\varepsilon'_s - (\varepsilon_{cu} + \Delta\varepsilon_c + \varepsilon_{cdu} + \Delta\varepsilon_{cd}) \tag{A9.15}$$

(A9.15)式内のひずみの一部を応力に置き換えて，(A9.16)式を得ます。

$$\frac{dS}{dx} = \varepsilon_{sp} + \varepsilon'_{sy} + \frac{\sigma_{su}}{E_{sh}} + \frac{\Delta\sigma_s}{E_s} - \frac{\sigma_{cu} + \Delta\sigma_c}{E_c} - \varepsilon_{cdu} - \Delta\varepsilon_{cd} \tag{A9.16}$$

ここに，σ_{su}は除荷開始時の鉄筋応力，$\Delta\sigma_s$は鉄筋の除荷開始時からの応力減分（負値），σ_{cu}は除荷開始時のコンクリート応力，$\Delta\sigma_c$はコンクリートの除荷開始時からの応力増減（多くの場合は減分で負値）です。(A9.16)式の両辺をxについて微分し，(A9.17)式を得ます。

$$\frac{d^2S}{dx^2} = \frac{1}{E_{sh}} \cdot \frac{d\sigma_{su}}{dx} + \frac{1}{E_s} \cdot \frac{d\Delta\sigma_s}{dx} - \frac{1}{E_c} \cdot \left(\frac{d\sigma_{cu}}{dx} + \frac{d\Delta\sigma_c}{dx}\right) \tag{A9.17}$$

鉄筋応力，コンクリート応力，付着応力の釣合は(A9.18)～(A9.21)式で与えられます。

$$\sigma_{su} = \frac{4 \cdot \tau_u}{d_b \cdot E_{sh}} \tag{A9.18}$$

$$\Delta\sigma_s = \frac{4 \cdot \tau}{d_b \cdot E_{sh}} - \sigma_{su} \tag{A9.19}$$

$$\sigma_{cu} = -\frac{4 \cdot \rho \cdot \tau_u}{d_b \cdot E_c} \tag{A9.20}$$

$$\Delta\sigma_c = -\frac{4 \cdot \rho \cdot \tau}{d_b \cdot E_c} - \sigma_{cu} \tag{A9.21}$$

(A9.2)，(A9.3)，(A9.18)～(A9.21)式を(A9.17)式に代入して(A9.4)式を得ます。(A9.4)式において，現時点の付着応力τに加え，除荷開始時の付着応力τ_uもxの関数であり，計算過程において記憶する必要があります。常微分方程式の解はτ_uの分布形状を一意に記述できるため，差分法に比べて記憶容量と計算量を削減することができます。

　鉄筋降伏後の除荷・再載荷を考慮した付着計算は，数本程度の鉄筋に関するものであれば，数値的な解析例は数多くあります。これらはいずれも (A9.4)式を暗黙に満たしていましたが，(A9.4)式が直接導かれることはなく，その利用価値が認められることもありませんでした。しかし今日，RC の強非線形挙動を安定して解析する有限要素法プログラムが出現し，多数の鉄筋が無数のひび割れと交差する際に起こる再配分現象を忠実に再現する可能性が拓けました。そして (A9.4)式の一般解を有限要素法に組み込む工学的意義を見出すに至りました。1909 年に Arnovljević が(A9.1)式を導いて以来 [A9.4]，本手法は1 世紀ぶりにこの常微分方程式を(A9.4)式として拡張し，応用したことになります。

付着に関する基礎常微分方程式の一般解（包絡線）

　図 A9.6 に示したように，ここでは付着応力～すべり関係を 5 つの線分からなる多点折線でモデル化します。これにより，fib Model Code 2010[A9.3]をはじめ，既往研究で発表された付着応力～すべり包絡線モデルの多くを直接または近似的に表現することができます。

　付着応力～すべり関係が包絡線上にある場合，常微分方程式の解は，鉄筋の弾塑性境界と，付着応力～すべりモデルの折点との位置関係の組み合わせにより，25 通りに場合

228

分けされます。図 A9.8 にこの場合分けを示します。図内の数字は付着応力〜すべりモデルの折点，アルファベットは鉄筋の弾塑性境界の位置を意味します。例えば「4d」では，すべりがS_3とS_4の間にあり，鉄筋の弾塑性境界がS_1とS_2の間にあります。ここでは基礎常微分方程式(A9.1)式および(A9.4)式の一般解をすべりSの関数として表示します。増加勾配となる第 1 区間と第 2 区間が双曲線関数により，平坦部である第 3 区間と第 5 区間が 2 次式により，軟化勾配である第 4 区間が三角関数により，(A9.22)〜(A9.41)式で与えられます。式中のℓ_1，ℓ_2，ℓ_3，ℓ_4，ℓ_5は第 1〜第 5 区間に対応する付着応力が生じている鉄筋方向の長さです。区間の中に鉄筋の弾塑性境界がある場合は，弾性域をℓ_{1e}，塑性域をℓ_{1p}と分割して表示します。

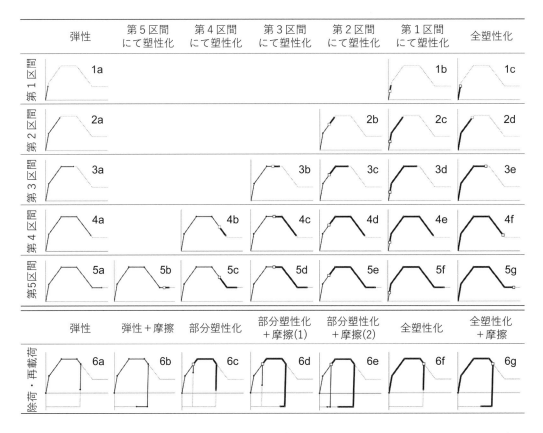

図 A9.8　付着応力〜ひずみ関係の場合分け（細線は鉄筋弾性域，太線は鉄筋塑性域）

(1)第 1 区間

鉄筋弾性時（1a, 2a, 2b, 3a, 3b, 3c, 4a, 4b, 4c, 4d, 5a, 5b, 5c, 5d, 5e）

$$S = A \cdot sinh(\lambda \cdot x) \tag{A9.22}$$

鉄筋の弾塑性境界がある場合（1b, 2c, 3d, 4e, 5f）

$$S = A \cdot sinh(\lambda \cdot x) \quad （弾性域 0 \leq x < \ell_{1e}） \tag{A9.23}$$

$$S = B \cdot sinh\{\lambda_p \cdot (x - \ell_{1e})\} + C \cdot cosh\{\lambda_p \cdot (x - \ell_{1e})\}$$

$$（塑性域 \ell_{1e} \leq x \leq \ell_{1e} + \ell_{1p} = \ell_1） \tag{A9.24}$$

鉄筋塑性時（1c, 2d, 3e, 4f, 5g）

$$S = A \cdot sinh(\lambda_p \cdot x) \quad (0 \leq x < \ell_1) \tag{A9.25}$$

(2)第 2 区間

鉄筋弾性時（2a, 2b, 3a, 3b, 4a, 4b, 4c, 5a, 5b, 5c, 5d）

$$S = A \cdot sinh\{\sqrt{\alpha_2} \cdot \lambda \cdot (x - \ell_1)\} + B \cdot cosh\{\sqrt{\alpha_2} \cdot \lambda \cdot (x - \ell_1)\} + C$$

$$(\ell_1 \leq x < \ell_1 + \ell_2) \tag{A9.26}$$

鉄筋の弾塑性境界がある場合（2b, 3c, 4d, 5e）

$$S = A \cdot sinh\{\sqrt{\alpha_2} \cdot \lambda \cdot (x - \ell_1)\} + B \cdot cosh\{\sqrt{\alpha_2} \cdot \lambda \cdot (x - \ell_1)\} + C$$

$$（弾性域 \ell_1 \leq x < \ell_1 + \ell_{2e}） \tag{A9.27}$$

$$S = D \cdot sinh\{\sqrt{\alpha_2} \cdot \lambda_p \cdot (x - \ell_1 - \ell_{2e})\}$$

$$+F \cdot cosh\{\sqrt{\alpha_2} \cdot \lambda_p \cdot (x - \ell_1 - \ell_{2e})\} + G$$

$$（塑性域 \ell_1 + \ell_{2e} \leq x < \ell_1 + \ell_{2e} + \ell_{2p} = \ell_1 + \ell_2） \tag{A9.28}$$

鉄筋塑性時（2c, 2d, 3d, 3e, 4e, 4f, 5f, 5g）

$$S = A \cdot sinh\{\sqrt{\alpha_2} \cdot \lambda_p \cdot (x - \ell_1)\} + B \cdot cosh\{\sqrt{\alpha_2} \cdot \lambda_p \cdot (x - \ell_1)\} + C$$

$$(\ell_1 \leq x < \ell_1 + \ell_2) \tag{A9.29}$$

(A9.26)〜(A9.29)式中の係数 α_2 は，(A9.30)式で与えられます。

$$\alpha_2 = \frac{(\tau_2 - \tau_1) \cdot S_1}{(S_2 - S_1) \cdot \tau_1} \tag{A9.30}$$

(3)第 3 区間

鉄筋弾性時または塑性時（3a, 3c, 3d, 3e, 4a, 4b, 4d, 4e, 4f, 5a, 5b, 5c, 5e, 5f, 5g）

$$S = A \cdot (x - \ell_1 - \ell_2)^2 + B \cdot (x - \ell_1 - \ell_2)$$

$$+ C \quad (\ell_1 + \ell_2 \leq x < \ell_1 + \ell_2 + \ell_3) \tag{A9.31}$$

鉄筋の弾塑性境界がある場合（3b, 4c, 5d）

$$S = A \cdot (x - \ell_1 - \ell_2)^2 + B \cdot (x - \ell_1 - \ell_2) + C$$

$$(弾性域 \ell_1 + \ell_2 \leq x < \ell_1 + \ell_2 + \ell_{3e}) \tag{A9.32}$$

$$S = D \cdot (x - \ell_1 - \ell_2 - \ell_{3e})^2 + E \cdot (x - \ell_1 - \ell_2 - \ell_{3e}) + F$$

$$(弾性域 \ell_1 + \ell_2 + \ell_{3e} \leq x < \ell_1 + \ell_2 + \ell_{3e} + \ell_{3p} = \ell_1 + \ell_2 + \ell_3) \tag{A9.33}$$

(4)第 4 区間

鉄筋弾性時（4a, 5a, 5b）

$$S = A \cdot sin\{\sqrt{\alpha_4} \cdot \lambda \cdot (x - \ell_1 - \ell_2 - \ell_3)\}$$

$$+ B \cdot cos\{\sqrt{\alpha_4} \cdot \lambda \cdot (x - \ell_1 - \ell_2 - \ell_3)\} + C$$

$$(\ell_1 + \ell_2 + \ell_3 \leq x < \ell_1 + \ell_2 + \ell_3 + \ell_4) \tag{A9.34}$$

鉄筋の弾塑性境界がある場合（4b, 5c）

$$S = A \cdot sin\{\sqrt{\alpha_4} \cdot \lambda \cdot (x - \ell_1 - \ell_2 - \ell_3)\}$$

$$+ B \cdot cos\{\sqrt{\alpha_4} \cdot \lambda \cdot (x - \ell_1 - \ell_2 - \ell_3)\} + C$$

$$(弾性域 \ell_1 + \ell_2 + \ell_3 \leq x < \ell_1 + \ell_2 + \ell_3 + \ell_{4e}) \tag{A9.35}$$

$$S = D \cdot sin\{\sqrt{\alpha_4} \cdot \lambda_p \cdot (x - \ell_1 - \ell_2 - \ell_3 - \ell_{4e})\}$$

$$+ E \cdot cos\{\sqrt{\alpha_4} \cdot \lambda_p \cdot (x - \ell_1 - \ell_2 - \ell_3 - \ell_{4e})\} + F$$

$$(塑性域 \ell_1 + \ell_2 + \ell_3 + \ell_{4e} \leq x$$

$$< \ell_1 + \ell_2 + \ell_3 + \ell_{4e} + \ell_{4p} = \ell_1 + \ell_2 + \ell_3 + \ell_4) \tag{A9.36}$$

鉄筋塑性時（4c, 4d, 4e, 3e, 4e, 4f, 5d, 5e, 5f, 5g）

$$S = A \cdot sin\{\sqrt{\alpha_4} \cdot \lambda \cdot (x - \ell_1 - \ell_2 - \ell_3)\}$$

$$+ B \cdot cos\{\sqrt{\alpha_4} \cdot \lambda \cdot (x - \ell_1 - \ell_2 - \ell_3)\} + C$$

$$(\ell_1 + \ell_2 + \ell_3 \leq x < \ell_1 + \ell_2 + \ell_3 + \ell_4) \tag{A9.37}$$

(A9.34)〜(A9.37)式中の係数α_4は，(A9.38)式で与えられる。

$$\alpha_4 = -\frac{(\tau_4 - \tau_2) \cdot S_1}{(S_4 - S_3) \cdot \tau_1} \tag{A9.38}$$

(5)第5区間

鉄筋弾性時または塑性時（5a, 5c, 5d, 5e, 5f, 5g）

$$S = A \cdot (x - \ell_1 - \ell_2 - \ell_3 - \ell_4)^2 + B \cdot (x - \ell_1 - \ell_2 - \ell_3 - \ell_4) + C$$

$$(\ell_1 + \ell_2 + \ell_3 + \ell_4 \leq x < \ell_1 + \ell_2 + \ell_3 + \ell_4 + \ell_5) \tag{A9.39}$$

鉄筋の弾塑性境界がある場合（5b）

$$S = A \cdot (x - \ell_1 - \ell_2 - \ell_3 - \ell_4)^2 + B \cdot (x - \ell_1 - \ell_2 - \ell_3 - \ell_4) + C$$

$$(弾性域\ell_1 + \ell_2 + \ell_3 + \ell_4 \leq x < \ell_1 + \ell_2 + \ell_3 + \ell_4 + \ell_{5e}) \tag{A9.40}$$

$$S = D \cdot (x - \ell_1 - \ell_2 - \ell_3 - \ell_4 - \ell_{5e})^2 + E \cdot (x - \ell_1 - \ell_2 - \ell_3 - \ell_4 - \ell_{5e}) + F$$

$$(塑性域\ell_1 + \ell_2 + \ell_3 + \ell_4 + \ell_{5e} \leq x$$

$$< \ell_1 + \ell_2 + \ell_3 + \ell_4 + \ell_{5e} + \ell_{5p} = \ell_1 + \ell_2 + \ell_3 + \ell_4 + \ell_5) \tag{A9.41}$$

(A9.22)〜(A9.41)式内のA, B, C, D, E, Fは境界条件により定まる係数です。

ここで境界条件は次のように与えられます。

(1) すべり開始位置$(x = 0)$においてすべりSを ゼロとします。

(2) すべり開始位置$(x = 0)$において要素鉄筋有効ひずみε'_{s0}を与えます。

(3) すべりがS_1以上の場合は，区間境界においてすべりSが連続します。

(4) すべりがS_1以上となる場合は，区間境界において鉄筋有効ひずみε'_sが連続します。

(5) ひび割れ位置においてコンクリート応力をゼロとする。本研究では引張軟化を無視します。

(6) ひび割れ位置においてすべり勾配が鉄筋全ひずみに一致します$(dS/dx = \varepsilon_s)$。

(7) 鉄筋の平均ひずみが，付着区間内にある有限要素のひずみの平均値に一致します。

付着に関する基礎常微分方程式の一般解（除荷・再載荷経路）

除荷・再載荷経路は前述の通り，直線勾配と負摩擦平坦部からなるモデルを用います。一般解は，負摩擦の有無，鉄筋の降伏の有無により，図 A9.8 に示すような 7 通りに場合分けされます。包絡線の場合と同様，各ケースを 6a〜6g と定義します。ただし以下に述べるように 6a，6c，6f は同じ式で与えられ，6d，6g も同じ式で与えられるため，実質的に 4 通りとなります。

(A9.42)〜(A9.61)式中の ℓ_u は除荷開始時の付着長さ，ℓ_f は負摩擦が生じていない領域の長さ，ℓ_{yu} は鉄筋弾性域の長さ，ε'_m は鉄筋の平均有効ひずみ，ε'_{mu} は鉄筋の除荷開始時の平均有効ひずみ，ε'_{su} は鉄筋の除荷開始時の有効ひずみです。

(1) 鉄筋弾性，負摩擦なし(6a)

一般解は(A9.4)式の解として(A9.42)式で与えられます。

$$S = S_u - c_{601} \cdot sinh\left(\sqrt{\alpha_u} \cdot \lambda \cdot x\right) \tag{A9.42}$$

ここに

$$c_{601} = \frac{\varepsilon_m{}' - \varepsilon_{mu}{}' + \varepsilon_{sp} - \varepsilon_{cd} + \varepsilon'_{su}(x = \ell_u) - \dfrac{dS_u(x = \ell_u)}{dx}}{\dfrac{4 \cdot \tau_1}{E_s \cdot d_b \cdot \lambda \cdot S_1} \cdot \left(\sqrt{\alpha_u} \cdot c_u - \dfrac{s_u}{\ell_u \cdot \lambda}\right) - \sqrt{\alpha_u} \cdot \lambda \cdot c_u} \tag{A9.43}$$

$$c_u = cosh\left(\sqrt{\alpha_u} \cdot \lambda \cdot \ell_u\right) \tag{A9.44}$$

$$s_u = sinh\left(\sqrt{\alpha_u} \cdot \lambda \cdot \ell_u\right) \tag{A9.45}$$

(2) 鉄筋弾性，負摩擦あり(6b)

一般解は(A9.1)式の解として(A9.46)，(A9.47)式で与えられます。

$$S = S_u - c_{602} \cdot sinh\left(\sqrt{\alpha_u} \cdot \lambda \cdot x\right) \quad (0 \le x < \ell_f) \tag{A9.46}$$

$$S = -\frac{\tau_f}{2 \cdot \tau_1} \cdot S_1 \cdot \lambda^2 \cdot (x - \ell_f)^2 + c_{603} \cdot (x - \ell_f) + c_{604} \quad (\ell_f \le x < \ell_u) \tag{A9.47}$$

ここに

$$c_{602} = -\frac{\left\{\tau_u(x = \ell_f) + \tau_f\right\} \cdot S_1}{\alpha_u \cdot \tau_1 \cdot s_f} \tag{A9.48}$$

$$c_{603} = \frac{dS_u(x = \ell_f)}{dx} - \sqrt{\alpha_u} \cdot \lambda \cdot c_{602} \cdot c_f \tag{A9.49}$$

$$c_{604} = S_u(x = \ell_f) - c_{602} \cdot s_f \tag{A9.50}$$

$$c_f = cosh(\sqrt{\alpha_u} \cdot \lambda \cdot \ell_f) \tag{A9.51}$$

$$s_f = sinh(\sqrt{\alpha_u} \cdot \lambda \cdot \ell_f) \tag{A9.52}$$

(3) 鉄筋弾塑性，負摩擦なし(6c)

6a と同じく(A9.42)式で与えられます。

(4) 鉄筋弾塑性，塑性域において負摩擦あり(6d)

一般解は(A9.1)式と(A9.4)式の解として(A9.53)式と(A9.54)式で与えられます。

$$S = S_u - c_{602} \cdot sinh(\sqrt{\alpha_u} \cdot \lambda \cdot x) \quad (0 \le x < \ell_{yu}, \ell_{yu} \le x < \ell_f) \tag{A9.53}$$

$$S = (1 - \lambda^2/\lambda_p{}^2) \cdot S_u - \frac{\tau_f}{2 \cdot \tau_1} \cdot S_1 \cdot \lambda^2 \cdot (x - \ell_f)^2$$
$$+ c_{605} \cdot (x - \ell_f) + c_{606} \quad (\ell_f \le x < \ell_u) \tag{A9.54}$$

ここに

$$c_{605} = \frac{\lambda^2}{\lambda_p{}^2} \cdot \frac{dS_u(x = \ell_f)}{dx} - \sqrt{\alpha_u} \cdot \lambda \cdot c_{602} \cdot c_f \tag{A9.55}$$

$$c_{606} = \frac{\lambda^2}{\lambda_p{}^2} \cdot S_u(x = \ell_f) - c_{602} \cdot s_f \tag{A9.56}$$

(5) 鉄筋弾塑性，弾性域と塑性域において負摩擦あり(6e)

一般解は(4)式と(8)式の解として(A9.57)〜(A9.59)式で与えられます。

$$S = S_u - c_{602} \cdot sinh(\sqrt{\alpha_u} \cdot \lambda \cdot x) \quad (0 \le x < \ell_f) \tag{A9.57}$$

$$S = -\frac{\tau_f}{2 \cdot \tau_1} \cdot S_1 \cdot \lambda^2 \cdot (x - \ell_f)^2 + c_{603} \cdot (x - \ell_f) + c_{604}$$
$$(\ell_f \le x < \ell_{yu}) \tag{A9.58}$$

$$S = \left(1 - \frac{\lambda^2}{\lambda_p{}^2}\right) \cdot S_u - \frac{\tau_f}{2 \cdot \tau_1} \cdot S_1 \cdot \lambda^2 \cdot (x - \ell_{yu})^2 + c_{607} \cdot (x - \ell_{yu}) + c_{608}$$
$$(\ell_{yu} \le x < \ell_u) \tag{A9.59}$$

ここに

$$c_{607} = -\frac{\tau_f}{\tau_1} \cdot S_1 \cdot \lambda^2 \cdot (\ell_{yu} - \ell_f) + c_{603} + \left(\frac{\lambda^2}{\lambda_p{}^2} - 1\right) \cdot \frac{dS_u(x = \ell_{yu})}{dx} \qquad \text{(A9.60)}$$

$$c_{608} = -\frac{\tau_f}{\tau_1} \cdot S_1 \cdot \lambda^2 \cdot (\ell_{yu} - \ell_f)^2 + c_{603} \cdot (\ell_{yu} - \ell_f)$$

$$+ c_{604} + \left(\frac{\lambda^2}{\lambda_p{}^2} - 1\right) \cdot S_u(x = \ell_{yu}) \qquad \text{(A9.61)}$$

(6) 鉄筋全塑性，負摩擦なし(6f)

6a と同じく(A9.42)式で与えられます。

(7) 鉄筋全塑性，負摩擦あり(6g)

6d と同じく(A9.53)，(A9.54)式で与えられます。

梁の計算例

　ここでは計算例として 梁の正負繰り返しせん断・曲げ挙動の解析結果を示します。計算対象は杉本らの研究において制作された B6 試験体 [A9.5)]です。図 A9.9 に試験体の形状を示します。断面は 320 mm×470 mm，スパン 2,350 mm（L/D = 5），コンクリート強度 36.4 N/mm²，主筋 5-D22(SD345)，せん断補強筋 2-D10@70（SD295，ρ = 0.64%）です。試験体の両側は載荷装置に固定され，変位制御による逆対称せん断・曲げが加えられました。載荷サイクルは，部材角＝ ±0.0025 rad，を 1 回，±0.005 rad.，±0.01 rad.，±0.02 rad.，±0.03 rad.をそれぞれ 2 回ずつ繰り返し，さらに±0.04 rad.を 1 回繰り返した後，+0.05 rad.まで押し切っています。試験体は対称性を考慮して試験区間の 1/4 部分をモデル化します（図 A9.9）。主筋は 2 節点トラス要素でモデル化し，せん断補強筋は分散鉄筋によりモデル化します。付着接合要素は使用しません。

　付着応力〜すべり関係は fib Model Code 2010[A9.3)]に従います。最大付着応力に相当する τ_2 は(A9.62)，(A9.63)式で与えます。

$$\tau_2 = \eta \cdot 6.54 \cdot \left(\frac{f'_c}{20}\right)^{0.25} \cdot \left(\frac{20}{d_b}\right)^{0.2} \cdot \left\{\left(\left(\frac{c_{min}}{d_b}\right)^{0.33} \cdot \left(\frac{c_{max}}{c_{min}}^{0.1} + 8 \cdot K_{tr}\right)\right)\right\} \quad \text{(A9.62)}$$

ここに

$$K_{tr} = \frac{n_w \cdot A_{sw}}{n_b \cdot d_b \cdot s_w} \tag{A9.63}$$

η は付着状態に関する係数(1.0)，f'_c はコンクリート強度(36.4 N/mm²)，d_b は鉄筋径(22 mm)，$c_{\min}$ は最小かぶり厚さ(48 mm)，$c_{\max}$ は最大かぶり厚さ(49 mm)，n_b は主筋本数(3 本)，n_w はせん断補強筋の数(2 本)，s_w はせん断補強筋間隔(70 mm)，A_{sw} はせん断補強筋の断面積(28.3 mm²)です。主筋の最大付着応力 τ_2 は 11.7 N/mm²，せん断補強筋の最大付着応力は 15.1 N/mm² となります（図 A9.10）。

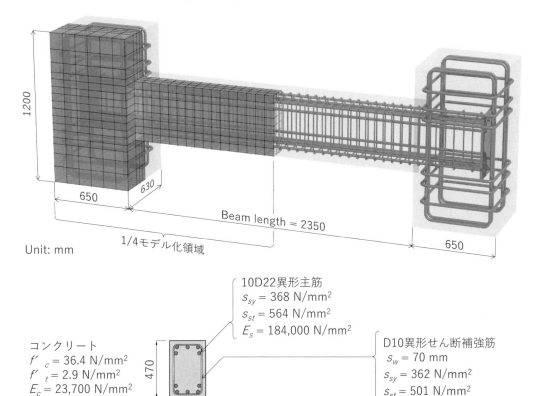

図 A9.9　正負繰り返しせん断・曲げ荷重を受ける RC 梁（B6 試験体）の概要と要素分割

図 A9.11(a)は実験と計算によるせん断力〜部材角関係を比較します。実験では部材角 0.005 rad. において損傷が著しくなり，載荷を終了しています。計算結果も実験の挙動とほぼ一致しています。図 A9.11(b)に梁端部のひび割れ幅と部材角の関係を示します。ひび割れ幅計算値は概ね実験に近くなっています。図 A9.11(c)に実験と計算によるひび割

れ分布を比較します。計算によるひび割れ分布は，片側半分の図を対称複写しています。曲げひび割れ間隔がやや大きいものの，全般的な傾向は一致しています。計算結果の○印は，図 A9.11(b)に示したひび割れ幅の位置を示します。

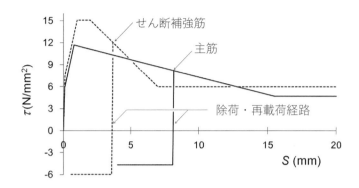

図 9.10　主筋とせん断補強筋の付着応力～すべりの仮定

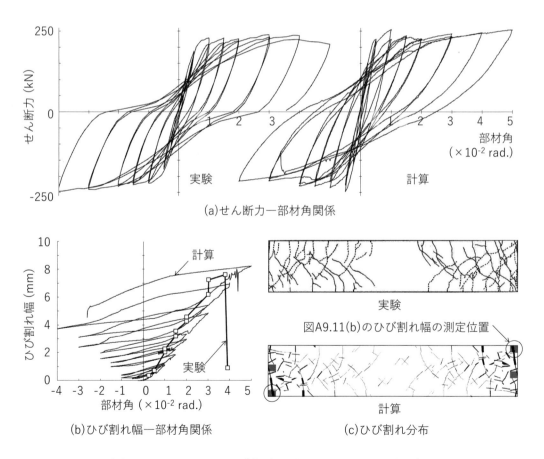

(a)せん断力―部材角関係

(b)ひび割れ幅―部材角関係　　　　　(c)ひび割れ分布

図 A9.11　正負繰り返しせん断・曲げ荷重を受ける RC 梁の実験と解析結果の比較

　図 A9.12 に主筋に沿った鉄筋応力, 付着応力, およびすべり分布の代表例を示します。図は部材角 0.005 rad.サイクルのピーク時と除荷時, および部材角 0.03 rad.サイクルのピーク時と除荷時の状態を示しています。

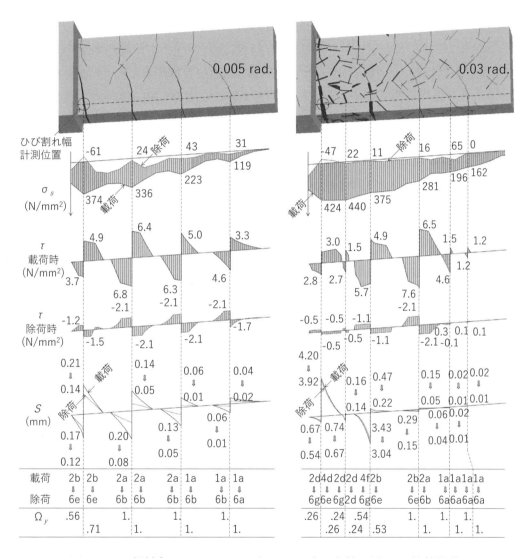

図 A9.12　部材角 0.005rad および 0.03rad 時の主筋に沿った付着挙動

　部材角 0.005 rad.においては主筋と交差する 4 本の曲げひび割れが生じ, それぞれのひび割れの両側に計 8 か所の付着区間が発生します。最も左側の梁端部のひび割れにおいて付着すべりが最も大きくなしますが, 鉄筋降伏による付着劣化により(Ω_y=0.7057)最大付着応力は 4.883 N/mm² となり, 左側より 2 つ目のひび割れの最大付着応力 6.848 N/mm²

よりも小さくなります。付着強度低減係数 Ω_y は，鉄筋塑性ひずみが増大するごとに各計算ステップで更新しています。除荷時は 8 つの付着区間すべてにおいて付着応力が負側に反転します。ピーク時の鉄筋応力分布がひび割れ位置で大きくなり，ひび割れ中間位置で小さくなるのに対し，除荷時には負の付着応力によって鉄筋応力の形状が逆になります。ピーク時の梁端部のひび割れ幅は，両側のすべりの和として 0.1667 mm+0.2070 mm = 0.3737 mm と与えられます。除荷時には 0.2657 mm まで低下し，ピーク時の 0.7112 倍となります。部材角 0.03 rad.においては曲げひび割れが 6 本に増えます。鉄筋の降伏域は，左から 3 本目のひび割れまで伸び，付着低減係数 Ω_y は 0.2610 まで低下します。梁端部のひび割れ位置でのすべりは $S=4.204$ mm であり，他の場所に比べ突出して大きくなります。これは実験でも同じ傾向が確認されています。ピーク時の梁端部のひび割れ幅は 4.877 mm で，除荷時は 4.459 mm となります。これはピーク時の 0.9143 倍で，部材角 0.005 rad.時に比べると，低下率は小さくなります。

　部材角 0.03 rad.時にすべりが最大となる位置の計算を算出例 1（ピーク荷重時）と算出例 2（除荷時）に示します。図 A9.13 に残留ひび割れ幅比～部材角関係を示します。ここに残留ひび割れ幅比とは，各サイクルピーク荷重時のひび割れ幅に対する，除荷時（荷重ゼロ時）のひび割れ幅の比として定義します。実験における残留ひび割れ幅比は，部材角 0.005 rad.以下の小さな変形の時には，0.26～0.671 の間にありますが，変形が大きくなるにつれて大きくなり，部材角 0.03 rad.以上では 0.91～0.95 となります。計算は実験値よりやや大きな値となっているものの全般的な傾向を概ね再現しています。

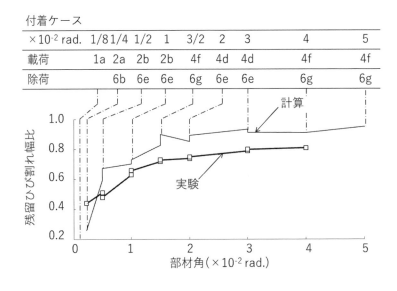

図 A9.13　残留ひび割れ幅比～部材角関係

算出例 1：部材角 0.03 rad.時にすべりが最大となる位置の計算

（ピーク荷重時）

　付着状態が「4d」の場合，鉄筋応力，付着応力，すべりの分布は，(A9.64)～(A9.78)式で与えられます。各式には後述の計算で得られる数値を併記します。ここでは数値の僅かな変動が敏感に影響するため，有効数字 4 桁以上で表示します。

　鉄筋弾性域である第 1 区間と第 2 区間弾性域の基礎常微分方程式は(A9.1)～(A9.2)式で与えられます。係数 λ は以下にように計算されます。

$$\lambda = \sqrt{\frac{4 \cdot \tau_1}{d_b \cdot S_1}\left(\frac{1}{E_s} + \frac{\rho_s}{E_c}\right)} = 0.004808 \text{ mm}^{-1} \tag{A9.2}$$

第 1 区間 $0 \leq x < \ell_1$ $(0 \leq x < 3.777 \text{ mm})$ において

$$\sigma_s = \sigma_{s0} + \frac{4 \cdot \tau_1}{d_b \cdot \lambda} \cdot \frac{cosh(\lambda \cdot x) - 1}{s_1}$$

$$= 3176 \cosh(0.004808\, x) - 2803 \text{ (N/mm}^2) \tag{A9.64}$$

$$\tau = (\tau_1/s_1) \cdot sinh(\lambda \cdot x) = 3.98 \sinh(0.004808\, x) \text{ (N/mm}^2) \tag{A9.65}$$

$$S = (S_1/s_1) \cdot sinh(\lambda \cdot x) = 4.295 \sinh(0.004808\, x) \text{ (mm)} \tag{A9.66}$$

第 2 区間弾性域 $\ell_1 \leq x < \ell_1 + \ell_{2e}$ $(3.777 \text{ mm} \leq x < 13.19 \text{ mm})$ において

$$\sigma_s = \sigma_{s0} + \frac{4 \cdot \tau_1}{d_b \cdot \lambda} \cdot \left[\frac{cosh\{\sqrt{\alpha_2} \cdot \lambda \cdot (x - \ell_1)\}}{t_1} + \frac{sinh\{\sqrt{\alpha_2} \cdot \lambda \cdot (x - \ell_1)\}}{\sqrt{\alpha_2}} - \frac{1}{s_1}\right]$$

$$= 3176 \cosh(0.001603\, x - 0.006054)$$

$$+ 545.5 \sinh(0.001603\, x - 0.006054) - 2803 \text{ (N/mm}^2) \tag{A9.67}$$

$$\tau = \tau_1 \cdot \left[\frac{\sqrt{\alpha_2} \cdot sinh\{\sqrt{\alpha_2} \cdot \lambda \cdot (x - \ell_1)\}}{t_1} + cosh\{\sqrt{\alpha_2} \cdot \lambda \cdot (x - \ell_1)\}\right]$$

$$= 28.00 \sinh(0.001603\, x - 0.006054)$$

$$+ 1.356 \cosh(0.001603\, x - 0.006054) \text{ (N/mm}^2) \tag{A9.68}$$

$$S = S_1 \cdot \left[\frac{sinh\{\sqrt{\alpha_2} \cdot \lambda \cdot (x - \ell_1)\}}{\sqrt{\alpha_2} \cdot t_1} + \frac{cosh\{\sqrt{\alpha_2} \cdot \lambda \cdot (x - \ell_1)\}}{\alpha_2} + 1 - \frac{1}{\alpha_2}\right]$$

$$= 12.89 \sinh(0.001603\, x - 0.006054)$$

$$+ 0.7020 \cosh(0.001603\, x - 0.006054) - 0.6240 \text{ (mm)} \tag{A9.69}$$

鉄筋塑性域である第 2 区間塑性域，第 3 区間，第 4 区間の基礎微分方程式は(A9.1)，(A9.3)式で与えられます。係数λ_pは以下のように計算されます。

$$\lambda_p = \sqrt{\frac{4 \cdot \tau_1}{d_b \cdot S_1}\left(\frac{1}{E_{sh}} + \frac{\rho_s}{E_c}\right)} = 0.04400 \text{ mm}^{-1} \tag{A9.3}$$

(A9.3)式は(A9.2)式中の弾性係数E_sをひずみ硬化係数E_{sh}に置き換えて得られます。

第 2 区間塑性域$\ell_1 + \ell_{2e} \leq x < \ell_1 + \ell_{2e} + \ell_{2p}$ (13.19 mm$\leq x <$35.10 mm)において

$$\sigma_s = \sigma'_{sy} + \frac{4 \cdot \tau_1}{d_b \cdot \sqrt{\alpha_2} \cdot \lambda_p} \cdot \left[c_{203} \cdot \left\{cosh\left\{\sqrt{\alpha_2} \cdot \lambda_p \cdot (x - \ell_1 - \ell_{2e})\right\} - 1\right\}\right.$$
$$\left. + c_{204} \cdot sinh\left\{\sqrt{\alpha_2} \cdot \lambda_p \cdot (x - \ell_1 - \ell_{2e})\right\}\right]$$
$$= 37.96 \cosh(0.001467\, x - 0.1935)$$
$$+ 24.15 \sinh(0.001467\, x - 0.1935) + 338.0 \text{ (N/mm}^2) \tag{A9.70}$$

$$\tau = \tau_1 \cdot \left[c_{203} \cdot sinh\left\{\sqrt{\alpha_2} \cdot \lambda_p \cdot (x - \ell_1 - \ell_{2e})\right\}\right.$$
$$\left. + c_{204} \cdot cosh\left\{\sqrt{\alpha_2} \cdot \lambda_p \cdot (x - \ell_1 - \ell_{2e})\right\}\right]$$
$$= 33.062 \sinh(0.001467\, x - 0.1935)$$
$$+ 1.948 \cosh(0.001467\, x - 0.1935) \text{ (N/mm}^2) \tag{A9.71}$$

$$S = (S_1/\alpha_2) \cdot \left[c_{203} \cdot sinh\left\{\sqrt{\alpha_2} \cdot \lambda_p \cdot (x - \ell_1 - \ell_{2e})\right\}\right.$$
$$\left. + c_{204} \cdot cosh\left\{\sqrt{\alpha_2} \cdot \lambda_p \cdot (x - \ell_1 - \ell_{2e})\right\} + \alpha_2 - 1\right]$$
$$= 1.409 \sinh(0.001467\, x - 0.1935)$$
$$+ 0.8965 \cosh(0.001467\, x - 0.1935) - 0.6240 \text{(mm)} \tag{A9.72}$$

第 3 区間$\ell_1 + \ell_{2e} + \ell_{2p} \leq x < \ell_1 + \ell_{2e} + \ell_{2p} + \ell_3$ (35.10 mm$\leq x <$36.25 mm)において

$$\sigma_s = \sigma'_{sy} + \frac{4 \cdot \tau_1}{d_b \cdot \lambda_p \cdot \sqrt{\alpha_2}} \cdot \left\{c_{203} \cdot (c_{2p} - 1) + c_{204} \cdot s_{2p}\right\}$$
$$+ \frac{4 \cdot \tau_2}{d_b} \cdot (x - \ell_1 - \ell_{2e} - \ell_{2p})$$
$$= 0.5547\, x + 366.3 \text{ (N/mm}^2) \tag{A9.73}$$

$$\tau = \tau_2 = 3.051 \text{ (N/mm}^2) \tag{A9.74}$$

$$S = \left(S_2 \cdot \lambda_{2p}{}^2/2\right) \cdot \left(x - \ell_1 - \ell_{2e} - \ell_{2p}\right)^2 + c_{306} \cdot \left(x - \ell_1 - \ell_{2e} - \ell_{2p}\right) + S_2$$
$$= 0.0001510\, x2 + 0.03665\, x + 1.272 \text{ (mm)} \tag{A9.75}$$

第 4 区間 $\ell_1 + \ell_{2e} + \ell_{2p} + \ell_3 \leq x < \ell_1 + \ell_{2e} + \ell_{2p} + \ell_3 + \ell_4$ (36.25 mm≤ x <123.2 mm) において

$$\sigma_s = \sigma'_{sy} + \frac{4 \cdot \tau_1 \cdot \{c_{203} \cdot (c_{2p} - 1) + c_{204} \cdot s_{2p}\}}{d_b \cdot \sqrt{\alpha_2} \cdot \lambda_p} + \frac{4 \cdot \tau_2}{d_b} \cdot \ell_3$$

$$+ \frac{4 \cdot \sqrt{\alpha_4} \cdot \tau_1}{d_b \cdot S_1 \cdot \lambda_p} \cdot [c_{411} \cdot \{cos\{\sqrt{\alpha_4} \cdot \lambda_p \cdot (x - \ell_1 - \ell_{2e} - \ell_{2p} - \ell_3)\}\} - 1\}$$

$$- c_{402} \cdot sin\{\sqrt{\alpha_4} \cdot \lambda_p \cdot (x - \ell_1 - \ell_{2e} - \ell_{2p} - \ell_3)\}]$$

$$= 48.46 \cos(0.003512\, x - 0.1273)$$

$$+ 157.9 \sin(0.003512\, x - 0.1273) + 380.0 \, (\text{N/mm}^2) \tag{A9.76}$$

$$\tau = -\frac{\alpha_4 \cdot \tau_1}{S_1} \cdot [c_{411} \cdot sin\{\sqrt{\alpha_4} \cdot \lambda_p \cdot (x - \ell_1 - \ell_{2e} - \ell_{2p} - \ell_3)\}$$

$$+ c_{402} \cdot cos\{\sqrt{\alpha_4} \cdot \lambda_p \cdot (x - \ell_1 - \ell_{2e} - \ell_{2p} - \ell_3)\}]$$

$$= -0.9363 \sin(0.003512\, x - 0.1273)$$

$$+ 3.051 \cos(0.003512\, x - 0.1273) \, (\text{N/mm}^2) \tag{A9.77}$$

$$\tau S = c_{411} \cdot sin\{\sqrt{\alpha_4} \cdot \lambda_p \cdot (x - \ell_1 - \ell_{2e} - \ell_{2p} - \ell_3)\}$$

$$+ c_{402} \cdot [cos\{\sqrt{\alpha_4} \cdot \lambda_p \cdot (x - \ell_1 - \ell_{2e} - \ell_{2p} - \ell_3)\} - 1]$$

$$= 7.514 \sin(0.003512\, x - 0.1273)$$

$$- 24.48 \cos(0.003512\, x - 0.1273) + 25.29 \, (\text{mm}) \tag{A9.78}$$

材料，配筋に関する数値は，コンクリート弾性係数E_c= 23,700 N/mm^2，鉄筋径d = 22.0 mm，鉄筋比ρ = 2.53%，鉄筋弾性係数E_s= 18,700 N/mm^2，鉄筋ひずみ硬化係数E_{sh}= 187 N/mm^2 です。鉄筋の応力とひずみについては，付着区間の鉄筋の平均有効ひずみε_m'= 0.015460，付着区間起点の鉄筋応力σ_{s0}= 372.4 N/mm^2，鉄筋塑性ひずみε_{sp}= 0.018688，鉄筋初期降伏応力σ_{sy}= 368.0 N/mm^2，鉄筋再降伏応力σ_{sy}'= 375.9 N/mm^2 です。付着応力～すべり関係については，τ_{1o}= 5.845 N/mm^2，τ_{2o}= 11.69 N/mm^2，τ_{4o}= 4.676 N/mm^2，τ_{fo}= 2.104 N/mm^2，S_1= 0.0780 mm，S_2= 0.780 mm，S_3= 0.810 mm，S_4= 15.5 mm，鉄筋降伏に関する付着強度低減係数はΩ_y= 0.2612 です。強度低減後の付着応力特性値は，それぞれτ_1= 1.525 N/mm^2，τ_2= 3.051 N/mm^2，τ_4= 1.220 N/mm^2，τ_f= 0.5491 N/mm^2 となります。これらより，以下の係数の数値が定まります。

$$\alpha_2 = \frac{(\tau_2 - \tau_1) \cdot S_1}{(S_2 - S_1) \cdot \tau_1} = 0.1111 \tag{A9.79}$$

$$\alpha_4 = -\frac{(\tau_4 - \tau_2) \cdot S_1}{(S_4 - S_3) \cdot \tau_1} = 0.006372 \tag{A9.80}$$

$$\lambda_{2p} = \sqrt{4 \cdot \left(\frac{1}{E_{sh}} + \frac{\rho}{E_c}\right) \cdot \frac{\tau_2}{d_b \cdot S_2}} = 0.01968 \text{ mm}^{-1} \tag{A9.81}$$

(A9.64)〜(A9.78)式内の付着区間長さや係数は陽に算定できないものの，1 回の収束計算ループのみにより決定できます。計算は次の順序で進めます。

Step 1　第一区間長さℓ_1を仮定します。ここでは$\ell_1 = 3.777$ mm が解となります。

Step 2　係数c_1, s_1, t_1, c_{205}, c_{206}を計算します。

$$c_1 = cosh(\lambda \cdot \ell_1) = 1.00016 \tag{A9.82}$$

$$s_1 = sinh(\lambda \cdot \ell_1) = 0.01816 \tag{A9.83}$$

$$t_1 = tanh(\lambda \cdot \ell_1) = 55.07 \tag{A9.84}$$

$$c_{205} = \frac{1}{4 \cdot \tau_1} \cdot (\sigma_{sy}' - \sigma_{s0}) \cdot \sqrt{\alpha_2} \cdot d_b \cdot \lambda + \frac{\sqrt{\alpha_2}}{s_1} = 18.37 \text{ mm}^{-1} \tag{A9.85}$$

$$c_{206} = \sqrt{\alpha_2}/t_1 = 18.36 \text{ mm}^{-1} \tag{A9.86}$$

Step 3　係数s_{2e}, 第 2 区間弾性域長さℓ_{2e}, 係数c_{2e}を計算します。

$$s_{2e} = \frac{1}{1 - c_{206}{}^2} \cdot \left(c_{205} - c_{206} \cdot \sqrt{1 + c_{205}{}^2 - c_{206}{}^2}\right) = 0.01509 \tag{A9.87}$$

$$\ell_{2e} = ln\left(s_{2e} + \sqrt{s_{2e}{}^2 + 1}\right)/(\lambda \cdot \sqrt{\alpha_2}) = 9.414 \text{ mm} \tag{A9.88}$$

$$c_{2e} = cosh(\sqrt{\alpha_2} \cdot \lambda \cdot \ell_{2e}) = 1.00011 \tag{A9.89}$$

Step 4　係数c_{203}, c_{204}, c_{307}を計算します。

$$c_{203} = (\lambda/\lambda_p) \cdot \left(\sqrt{\alpha_2} \cdot c_{2e}/t_1 + s_{2e}\right) = 2.0076 \tag{A9.90}$$

$$c_{204} = \sqrt{\alpha_2} \cdot s_{2e}/t_1 + c_{2e} = 1.277 \tag{A9.91}$$

$$c_{307} = \alpha_2 \cdot S_2/S_1 + 1 - \alpha_2 = 2.000 \tag{A9.92}$$

Step 5　係数s_{2p}，第2区間塑性域長さℓ_{2p}，係数c_{2p}を計算します。

$$s_{2p} = \frac{1}{c_{203}{}^2 - c_{204}{}^2} \cdot \left(c_{203} \cdot c_{307} - c_{204} \cdot \sqrt{c_{307}{}^2 + c_{203}{}^2 - c_{204}{}^2} \right)$$

$$= 0.3270 \tag{A9.93}$$

$$\ell_{2p} = ln\left(s_{2p} + \sqrt{s_{2p}{}^2 + 1} \right) / \left(\lambda_p \cdot \sqrt{\alpha_2} \right) = 21.91\,\text{mm} \tag{A9.94}$$

$$c_{2p} = cosh\left(\sqrt{\alpha_2} \cdot \lambda_p \cdot \ell_{2p} \right) = 1.0521 \tag{A9.95}$$

Step 6　係数c_{306}と第3区間長さℓ_3を計算します。

$$c_{306} = \lambda_p \cdot S_1 \cdot \left(c_{203} \cdot c_{2p} + c_{204} \cdot s_{2p} \right) / \sqrt{\alpha_2} = 0.02605 \tag{A9.96}$$

$$\ell_3 = -\frac{c_{306}}{S_2 \cdot \lambda_{2p}{}^2} + \frac{1}{\lambda_{2p}} \cdot \sqrt{\left(\frac{c_{306}}{S_2 \cdot \lambda_{2p}{}^2} \right)^2 - 2 \cdot \left(1 - \frac{S_3}{S_2} \right)} = 1.144\,\text{mm} \tag{A9.97}$$

Step 7　係数c_{402}，c_{411}，c_{412}を計算します。

$$c_{402} = -S_1 \cdot \tau_2 / (\alpha_4 \cdot \tau_1) = -24.48\,\text{mm} \tag{A9.98}$$

$$c_{411} = \left(S_2 \cdot \lambda_{2p}{}^2 \cdot \ell_{3p} + c_{306} \right) / \left(\lambda_p \cdot \sqrt{\alpha_4} \right) = 7.514\,\text{mm} \tag{A9.99}$$

$$c_{412} = \left[\varepsilon_{sp} + \varepsilon'_{sy} - \varepsilon_{cd} + \frac{4 \cdot \tau_1 \cdot \left\{ c_{203} \cdot (c_{2p} - 1) + c_{204} \cdot s_{2p} \right\}}{E_{sh} \cdot d_b \cdot \sqrt{\alpha_2} \cdot \lambda_p} \right.$$

$$\left. + \frac{4 \cdot \tau_2}{E_{sh} \cdot d_b} \cdot \ell_{3p} - \frac{4 \cdot c_{411} \cdot \sqrt{\alpha_4} \cdot \tau_1}{E_{sh} \cdot d_b \cdot S_1 \cdot \lambda_p} \right]$$

$$\times \frac{1}{\sqrt{\alpha_4} \cdot \left\{ \lambda_p - 4 \cdot \tau_1 / (E_{sh} \cdot d_b \cdot S_1 \cdot \lambda_p) \right\}} = 14.53\,\text{mm} \tag{A9.100}$$

Step 8　係数s_{4p}，第4区間長さℓ_4，係数c_{4p}を計算します。

$$s_{4p} = \frac{1}{c_{411}{}^2 + c_{402}{}^2} \cdot \left(-c_{402} \cdot c_{412} - c_{411} \cdot \sqrt{c_{411}{}^2 + c_{402}{}^2 - c_{412}{}^2} \right)$$

$$= 0.3008 \tag{A9.101}$$

$$\ell_{4p} = sin^{-1}(s_{4p}) / \left(\lambda_p \cdot \sqrt{\alpha_4} \right) = 86.98\,\text{mm} \tag{A9.102}$$

$$c_{4p} = cos\left(\sqrt{\alpha_4} \cdot \lambda_p \cdot \ell_{4p} \right) = 0.9537 \tag{A9.103}$$

Sep 9　各区間の鉄筋の平均有効ひずみε'_{m_1}, ε'_{m_2e}, ε'_{m_2p}, ε'_{m_3}, ε'_{m_4}を計算します。

第 1 区間$0 \leq x < \ell_1$

$$\varepsilon'_{m\_1} = \varepsilon'_{s0} + \frac{4 \cdot \tau_1}{E_s \cdot d_b \cdot \lambda} \cdot \left(\frac{1}{\ell_1 \cdot \lambda} - \frac{1}{s_1}\right) = 0.002025 \tag{A9.104}$$

第 2 区間弾性域$\ell_1 \leq x < \ell_1 + \ell_{2e}$

$$\varepsilon'_{m\_2e} = \varepsilon'_{s0} + \frac{4 \cdot \tau_1}{E_s \cdot d_b \cdot \lambda^2} \cdot \left(\frac{s_{2e}}{\sqrt{\alpha_2} \cdot \ell_{2e} \cdot t_1} + \frac{c_{2e} - 1}{\alpha_2 \cdot \ell_{2e}} - \frac{\lambda}{s_1}\right)$$
$$= 0.002035 \tag{A9.105}$$

第 2 区間塑性域$\ell_1 + \ell_{2e} \leq x < \ell_1 + \ell_{2e} + \ell_{2p}$

$$\varepsilon'_{m\_2p} = \varepsilon'_{sy} + \frac{4 \cdot \tau_1}{E_{sh} \cdot d_b \cdot \alpha_2 \cdot \ell_{2p} \cdot \lambda_p{}^2}$$
$$\times \left\{c_{203} \cdot \left(s_{2p} - \sqrt{\alpha_2} \cdot \lambda_p \cdot \ell_{2p}\right) + c_{204} \cdot \left(c_{2p} - 1\right)\right\} = 0.004527 \tag{A9.106}$$

第 3 区間$\ell_1 + \ell_{2e} + \ell_{2p} \leq x < \ell_1 + \ell_{2e} + \ell_{2p} + \ell_3$

$$\varepsilon'_{m\_3} = \varepsilon'_{sy} + \frac{4 \cdot \tau_1 \cdot \left\{c_{203} \cdot \left(c_{2p} - 1\right) + c_{204} \cdot s_{2p}\right\}}{E_{sh} \cdot d_b \cdot \sqrt{\alpha_2} \cdot \lambda_p} + \frac{4 \cdot \tau_2}{E_{sh} \cdot d_b} \cdot \frac{\ell_3}{2}$$
$$= 0.007581 \tag{A9.107}$$

第 4 区間$\ell_1 + \ell_{2e} + \ell_{2p} + \ell_3 \leq x < \ell_1 + \ell_{2e} + \ell_{2p} + \ell_3 + \ell_4$

$$\varepsilon'_{m\_4} = \varepsilon'_{sy} + \frac{4 \cdot \tau_1 \cdot \left\{c_{203} \cdot \left(c_{2p} - 1\right) + c_{204} \cdot s_{2p}\right\}}{E_{sh} \cdot d_b \cdot \sqrt{\alpha_2} \cdot \lambda_p} + \frac{4 \cdot \tau_2}{E_{sh} \cdot d_b} \cdot \ell_3$$
$$+ \frac{4 \cdot \tau_1 \cdot \left\{c_{411} \cdot \left(s_{4p} - \sqrt{\alpha_4} \cdot \lambda_p \cdot \ell_4\right) + c_{402} \cdot \left(c_4 - 1\right)\right\}}{E_{sh} \cdot d_b \cdot S_1 \cdot \ell_4 \cdot \lambda_p{}^2}$$
$$= 0.020354 \tag{A9.108}$$

Step 10(A9.104)～(A9.108)式で求めた値より, 付着区間の平均有効ひずみ$\varepsilon_m{}'$を計算します。

$$\varepsilon'_m = \frac{\ell_1 \cdot \varepsilon'_{m\_1} + \ell_{2e} \cdot \varepsilon'_{m\_2e} + \ell_{2p} \cdot \varepsilon'_{m\_2p} + \ell_3 \cdot \varepsilon'_{m\_3} + \ell_4 \cdot \varepsilon'_{m\_4}}{\ell_1 + \ell_{2e} + \ell_{2p} + \ell_3 + \ell_4}$$
$$= 0.015460 \tag{A9.109}$$

Step 11 (A9.109)式で求めた値が, 最初に与えられた付着区間の平均有効ひずみ$\varepsilon'_m = 0.015460$ に一致するまで, Step 1～Step 11 を繰り返します。

算出例 2：部材角 0.03 rad.時にすべりが最大となる位置の計算

（除荷時）

付着状態が「6e」の場合，以下のように与えられます。各式には図 A9.12 に対応する数値を併記します。

負摩擦の生じない領域$0 \leq x < \ell_f$　(0 mm$\leq x <$5.007 mm)

(A9.4)式で与えられた基礎常微分方程式の一般解として以下のように与えられます。

$$\sigma_s = \sigma_{su} + \sigma_{s0} - \sigma_{s0u} - \frac{4 \cdot \sqrt{\alpha_u} \cdot \tau_1}{d_b \cdot S_1 \cdot \lambda} \cdot c_{602} \cdot \{cosh(\sqrt{\alpha_u} \cdot \lambda \cdot x) - 1\}$$

$$= \sigma_{su} - 78.15 - 326.7 \cosh(0.01534\,x) \text{ (N/mm}^2\text{)} \tag{A9.110}$$

$$\tau = \tau_u - \alpha_u \cdot \frac{\tau_1}{S_1} \cdot c_{602} \cdot sinh(\sqrt{\alpha_u} \cdot \lambda \cdot x)$$

$$= \tau_u - 27.63 \sinh(0.01534\,x) \text{ (N/mm}^2\text{)} \tag{A9.111}$$

$$S = S_u - c_{602} \cdot sinh(\sqrt{\alpha_u} \cdot \lambda \cdot x)$$

$$= S_u - 0.1382 \sinh(0.01534\,x) \text{ (mm)} \tag{A9.112}$$

負摩擦域のうち，鉄筋弾性部$\ell_f \leq x < \ell_{yu}$　(5.007 mm$\leq x <$13.19 mm)

この領域も(9.4)式の一般解として与えられます。

$$\sigma_s = -\{4 \cdot \tau_f/(E_s \cdot d_b)\} \cdot (x - \ell_f) + \sigma_{su}(x = \ell_f)$$

$$+\sigma_{s0} - \sigma_{s0u} - \frac{4 \cdot \sqrt{\alpha_u} \cdot \tau_1}{d_b \cdot S_1 \cdot \lambda} \cdot c_{602} \cdot (c_f - 1)$$

$$= 0.09984\,x - 32.07 \text{ (N/mm}^2\text{)} \tag{A9.113}$$

$$\tau = -\tau_f = -0.5491 \text{ (N/mm}^2\text{)} \tag{A9.114}$$

$$S = -\{\tau_f/(2 \cdot \tau_1)\} \cdot S_1 \cdot \lambda^2 \cdot (x - \ell_f)^2 + c_{603} \cdot (x - \ell_f) + c_{604}$$

$$= -3.246 \times 10^{-7}\,x^2 - 0.01853\,x - 5.606 \times 10^{-6} \text{ (mm)} \tag{A9.115}$$

負摩擦域のうち，鉄筋塑性部$\ell_{yu} \leq x < \ell_u$　(13.19 mm$\leq x <$123.2 mm)

この領域の基礎常微分方程式は(A9.4)式で与えられます。鉄筋応力は(A9.113)式と同じであり，付着応力も(A9.114)式と同じです。すべりのみ(A9.116)式で与えられます。

246

$$S = \left(1 - \lambda^2/\lambda_p{}^2\right) \cdot S_u - \frac{\tau_f}{2 \cdot \tau_1} \cdot S_1 \cdot \lambda^2 \cdot \left(x - \ell_{yu}\right)^2 + c_{607} \cdot \left(x - \ell_{yu}\right) + c_{608}$$

$$= 0.9881 S_u - 3.246 \times 10\text{-} 7x^2 - 0.001898x + 1.685 \times 10^{-4} \text{(mm)} \qquad \text{(A9.116)}$$

材料，配筋に関する数値，および付着応力〜すべり関係はピーク荷重時と同じです。

付着区間の鉄筋の平均有効ひずみは$\varepsilon_m' = 0.012213$，除荷開始時の付着区間長さは$\ell_u = 123.2$ mm，除荷開始時の鉄筋弾塑性境界は$\ell_{yu} = 13.19$ mm です。係数は(A9.117)式と(A9.118)式で与えられます。

$$c_f = cosh\left(\sqrt{\alpha_u} \cdot \lambda \cdot \ell_f\right) = 1.0030 \qquad \text{(A9.117)}$$

$$s_f = sinh\left(\sqrt{\alpha_u} \cdot \lambda \cdot \ell_f\right) = 0.07707 \qquad \text{(A9.118)}$$

ピーク荷重時と同様，(A9.110)〜(A9.118)式は陽に算定できず，1 回の収束計算ループにより決定されます。計算は次の順序で進めます。

Step 1　負摩擦の生じない領域の長さℓ_fを仮定します。ここでは$\ell_f = 5.007$ mm が最終的な解となります。

Step 2　$x = \ell_f$における除荷開始時の付着応力$\tau_u(x = \ell_f)$を (A9.65), (A9.68), (A9.71), (A9.74), (A9.77)式のいずれかより算定し，係数c_{602}を求めます。$\ell_f = 5.007$ mm は除荷開始時において第2区間弾性域に相当し，式(A9.68)より$\tau_u(x = \ell_f) = 1.581$ N/mm² となります。これを(A9.119)式に代入します。

$$c_{602} = \left\{\tau_u(x = \ell_f) + \tau_f\right\} \cdot S_1/\left(\alpha_u \cdot \tau_1 \cdot s_f\right) = 0.1382 \text{ mm} \qquad \text{(A9.119)}$$

Step 3　$x = \ell_f$における除荷開始時のすべりの微分$dS_u(x = \ell_f)/dx$を算定し，係数c_{603}を求めます。$dS_u(x = \ell_f)/dx$は(A9.66), (A9.69), (A9.72), (A9.75), (A9.78)式のいずれかを微分します。ここでは(A9.69)式を微分して，(A9.120)式となります。

$$\frac{dS_u(x = \ell_f)}{dx} = S_1 \cdot \lambda \cdot \left[\frac{cosh\{\sqrt{\alpha_2} \cdot \lambda \cdot (\ell_f - \ell_1)\}}{t_1} + \frac{sinh\{\sqrt{\alpha_2} \cdot \lambda \cdot (\ell_f - \ell_1)\}}{\sqrt{\alpha_2}}\right]$$

$$= 0.1034 \qquad \text{(A9.120)}$$

$$c_{603} = \frac{dS_u(x = \ell_f)}{dx} - \sqrt{\alpha_u} \cdot \lambda \cdot c_{602} \cdot c_f = 0.01852 \qquad \text{(A9.121)}$$

Step 4　$x=\ell_f$における除荷開始時のすべり$S_u(x=\ell_f)$を(A9.66), (A9.69), (A9.72), (A9.75),
(A9.78)式のいずれかより算定し，係数c_{604}を求めます。ここでは(A9.69)式より
$S_u(x=\ell_f)=0.1034$ mm となります。これを(A9.122)式に代入します。

$$c_{604}=S_u(x=\ell_f)-c_{602}\cdot s_f=0.09275 \text{ mm} \tag{A9.112}$$

Step 5　$x=\ell_{yu}$における除荷開始時のすべりの微分$dS_u(x=\ell_{yu})/dx$を算定し，係数c_{607}を
求めます。$dS_u(x=\ell_{yu})/dx$も(A9.69)式を微分して，$dS_u(x=\ell_{yu})/dx=0.02065$
となります。なおdS_u/dxは全区間で連続しているため，(A9.72)式を微分しても
同じ値が得られます。これを(A9.123)式に代入します。

$$c_{607}=-\frac{\tau_f}{\tau_1}\cdot S_1\cdot\lambda^2\cdot(\ell_{yu}-\ell_f)+c_{603}+(\lambda^2/\lambda_p{}^2-1)\cdot\frac{dS_u(x=\ell_{yu})}{dx}$$
$$=-0.001906 \tag{A9.123}$$

Step 6　$x=\ell_{yu}$における除荷開始時のすべり$S_u(x=\ell_{yu})$を算定し，係数c_{608}を求めます。

$$c_{608}=-\frac{\tau_f}{\tau_1}\cdot S_1\cdot\lambda^2\cdot(\ell_{yu}-\ell_f)^2+c_{603}\cdot(\ell_{yu}-\ell_f)$$
$$+(\lambda^2/\lambda_p{}^2-1)\cdot S_u(x=\ell_{yu})=-0.02492 \tag{A9.124}$$

Step 7　$x=\ell_f$および$x=\ell_u$における除荷開始時の鉄筋応力σ_{su}を(A9.64), (A9.67), (A9.70),
(A9.73), (A9.76)式のいずれかより求めます。ここでは(A9.67)式より$\sigma_{su}(x=\ell_f)=$
392.6 N/mm², (A9.24)式より$\sigma_{su}(x=\ell_u)=431.7$ N/mm² となります。またひび割れ
位置のすべりの微分を(A9.78)式より$dS_u(x=\ell_u)/dx=0.05104$ と求めます。そし
て付着起点における鉄筋有効ひずみを(A9.125)式より求めます。

$$\varepsilon'_{s0}=\varepsilon'_{s0u}+\varepsilon_{cd}-\varepsilon_{sp}-\varepsilon'_{su}(x=\ell_u)+\frac{\sigma_{su}(x=\ell_u)-\sigma_{su}(x=\ell_f)}{E_s}$$
$$+(1-\lambda^2/\lambda_p{}^2)\cdot\frac{dS_u(x=\ell_u)}{dx}-\frac{\tau_f}{\tau_1}\cdot S_1\cdot\lambda^2\cdot(\ell_u-\ell_{yu})+c_{607}$$
$$+\frac{4\cdot\tau_f}{E_s\cdot d_b}\cdot(\ell_u-\ell_f)+\frac{4\cdot\sqrt{\alpha_u}\cdot\tau_1}{E_s\cdot d_b\cdot S_1\cdot\lambda}\cdot c_{602}\cdot(c_f-1)$$
$$=-0.000176 \tag{A9.125}$$

248

Sep 8　各区間の鉄筋の平均有効ひずみε'_{m_f1}，ε'_{m_f2}，ε'_{m_f3}を計算します。

$0 \leq x < \ell_f$において

$$\varepsilon'_{m\_f1} = \frac{1}{\ell_f} \cdot \int_0^{\ell_f} \varepsilon'_s \cdot dx + \varepsilon'_{s0} - \varepsilon'_{s0u} - \frac{4 \cdot \tau_1}{E_s \cdot d_b \cdot S_1 \cdot \lambda} \cdot c_{602} \cdot \left(\frac{s_f}{\ell_f \cdot \lambda} - \sqrt{\alpha_u}\right)$$

$$= -0.000177 \tag{A9.126}$$

$\ell_f \leq x < \ell_{yu}$において

$$\varepsilon'_{m\_f2} = -\frac{2 \cdot \tau_f}{E_s \cdot d_b} \cdot (\ell_{yu} - \ell_f) + \varepsilon'_{su}(x = \ell_f) + \varepsilon'_{s0} - \varepsilon'_{s0u}$$

$$- \frac{4 \cdot \tau_1}{E_s \cdot d_b \cdot S_1 \cdot \lambda} \cdot c_{602} \cdot (c_f - 1) = -0.000179 \tag{A9.127}$$

$\ell_{yu} \leq x < \ell_u$において

$$\varepsilon'_{m\_f3} = \frac{1}{\ell_u - \ell_{yu}} \cdot (1 - E_{sh}/E_s) \cdot \int_{\ell_{yu}}^{\ell_u} \varepsilon'_s \cdot dx - \varepsilon'_{sy} - \frac{2 \cdot \tau_f}{E_s \cdot d_b} \cdot \frac{(\ell_u - \ell_f)^2}{\ell_u - \ell_{yu}}$$

$$+ \varepsilon'_{su}(x = \ell_f) + \varepsilon'_{s0} - \varepsilon'_{s0u} - \frac{4 \cdot \tau_1}{E_s \cdot d_b \cdot S_1 \cdot \lambda} \cdot c_{602} \cdot (c_f - 1)$$

$$= 0.013699 \tag{A9.128}$$

Step 9　(A9.126)〜(A9.128)式で求めた値より，付着区間の平均有効ひずみε'_mを計算します。

$$\varepsilon'_m = \frac{\ell_f \cdot \varepsilon'_{m\_f1} + (\ell_{yu} - \ell_f) \cdot \varepsilon'_{m\_f2} + (\ell_u - \ell_{yu}) \cdot \varepsilon'_{m\_f3}}{\ell_u}$$

$$= 0.012213 \tag{A9.129}$$

Step 10 (A9.129)式で求めた値が，最初に与えられた付着区間の平均有効ひずみ$\varepsilon'_m = 0.012213$に一致するまで，Step 1〜Step 10 を繰り返す。

　以上の計算が示すように，除荷時の解は，除荷開始時の鉄筋応力σ_{su}，鉄筋ひずみε_{su}，付着応力τ_u，すべりS_uおよびこれらの微分値の分布を記録しておく必要があります。仮に数値的手法を用いれば，これらの分布を区間分割して記録するか，または上記の Step 1〜Step 10 のループを繰り返すたびに再計算しなければなりません。これを FEM の各計

算ステップの全ひび割れごとに実施することは，実用上ほぼ不可能であり，常微分方程式の解を用いた解析的手法が不可欠であることを示しています。

記号

　付録 9 に用いる記号は以下の通りです。

A_{sw} 　= せん断補強筋（横拘束筋）1 組の断面積 (mm²)

c_f, c_u, c_1, c_{2e}, c_{2p}, c_{4p} 　= 付着挙動の解に関する係数

c_{max} 　= 最大かぶり厚さ (mm)

c_{min} 　= 最少かぶり厚さ (mm)

c_{203}, c_{204}, c_{205}, c_{206}, c_{306}, c_{307}, c_{402}, c_{411}, c_{412}= 付着応力～すべり関係が包絡線上にある場合の挙動に関する係数

c_{601}, c_{602}, c_{603}, c_{604}, c_{605}, c_{606}, c_{607}, c_{608}= 付着応力～すべり関係が除荷・再載荷経路上にある場合の挙動に関する係数

d_b 　= 鉄筋径 (mm)

E_c 　= コンクリート弾性係数 (N/mm²)

E_s 　= 鉄筋弾性係数 (N/mm²)

E_{sh} 　= 鉄筋ひずみ硬化係数 (N/mm²)

f'_c 　= コンクリート圧縮強度 (N/mm²)

K_{tr} 　= せん断補強筋（横拘束筋）に関する係数

ℓ_f 　= 付着区間のうち，負の摩擦を生じない部分の長さ(mm)

ℓ_{yu} 　= 除荷時の付着区間における鉄筋の弾塑性境界位置(mm)

ℓ_u 　= 除荷時の付着区間全長 (mm)

ℓ_1, ℓ_2, ℓ_3, ℓ_4, ℓ_5 = 付着応力～すべりモデルの第 1～第 5 区間に対応する付着長 (mm)

$\ell_{1e}, \ell_{2e}, \ell_{3e}, \ell_{4e}, \ell_{5e}$ = 付着長ℓ_1, ℓ_2, ℓ_3, ℓ_4のうち鉄筋弾性域に対応する区間の長さ (mm)

$\ell_{1p}, \ell_{2p}, \ell_{3p}, \ell_{4p}, \ell_{5p}$ = 付着長ℓ_1, ℓ_2, ℓ_3, ℓ_4のうち鉄筋塑性域に対応する区間の長さ (mm)

n_b = 部材軸方向の鉄筋（主筋）本数

n_w = せん断補強筋（横拘束筋）本数

S = 付着すべり (mm)

S_u = 除荷時の付着すべり (mm)

s_w = せん断補強筋（横拘束筋）間隔 (mm)

S_1, S_2, S_3, S_4 = 付着応力〜すべりモデルの折点に対応するすべり (mm)

$s_f, s_u, s_1, s_{2e}, s_{2p}, s_{4p}$ = 付着挙動の解に関する係数

t_1 = 付着挙動の解に関する係数

x = 鉄筋に沿った座標 (mm)

α_u = 初期（第1区間）付着剛性に対する除荷経路剛性の比

α_2 = 初期（第1区間）付着剛性に対する第2区間の剛性の比

α_4 = 初期（第1区間）付着剛性に対する第4区間の剛性の比

$\Delta\varepsilon_c$ = 除荷開始時からのコンクリートひずみ減分

$\Delta\varepsilon_{cd}$ = 除荷開始時からのコンクリート自己ひずみ減分

$\Delta\varepsilon'_s$ = 除荷開始時からの鉄筋有効ひずみ減分

$\Delta\sigma_c$ = 除荷開始時からのコンクリート応力減分

$\Delta\sigma_s$ = 除荷開始時からの鉄筋応力減分

ε_c = コンクリートひずみ

ε_{cd} = コンクリート自己ひずみ（乾燥収縮，クリープ，熱によるひずみ）

ε_{cdu} = 除荷開始時のコンクリート自己ひずみ

ε_{cu}　　= 除荷開始時のコンクリートひずみ

ε_s　　= 鉄筋ひずみ

ε'_s　　= 鉄筋有効ひずみ

ε'_m　　= 付着区間全長における鉄筋の平均有効ひずみ

$\varepsilon'_{m\_f1}, \ \varepsilon'_{m\_f2}, \ \varepsilon'_{m\_f3}$ = 付着区間 $\ell_f, \ \ell_{yu} - \ell_f, \ \ell_u - \ell_{yu}$ における鉄筋の平均ひずみ

$\varepsilon'_{m\_1}, \ \varepsilon'_{m\_2e}, \ \varepsilon'_{m\_2p}, \ \varepsilon'_{m\_3}, \ \varepsilon'_{m\_4}$ = 付着区間 $\ell_1, \ell_{2e}, \ \ell_{2p}, \ \ell_3, \ \ell_4$ における鉄筋の平均ひずみ

ε'_{mu}　　= 除荷開始時における付着区間の鉄筋の平均有効ひずみ

ε'_{su}　　= 除荷開始時における鉄筋の有効ひずみ

ε_{sp}　　= 鉄筋の塑性ひずみ

ε_{sy}　　= 鉄筋の降伏ひずみ

ε'_{sy}　　= 鉄筋の再降伏ひずみ

ε_{st}　　= 鉄筋の引張強度時ひずみ

ε'_{s0}　　= すべりゼロ位置 $(x = 0)$ における鉄筋の有効ひずみ

ε'_{s0u}　　= 除荷開始時の ε'_{s0}

η　　= 付着条件に関する係数

λ　　= 付着応力分布に関する係数 (1/mm)

λ_p　　= 鉄筋降伏時の付着応力分布に関する係数 (1/mm)

λ_{2p}　　= 鉄筋降伏時の最大付着応力に関する係数(1/mm)

Ω_y　　= 鉄筋降伏時の付着応力低減係数

ρ　　= 鉄筋断面積比

σ_c　　= コンクリート応力 (N/mm^2)

σ_{cu}　　= 除荷開始時のコンクリート応力 (N/mm^2)

σ_s　　= 鉄筋応力 (N/mm^2)

252

σ_{st} = 鉄筋引張強度 (N/mm²)

σ_{su} = 除荷開始時における鉄筋応力 (N/mm²)

σ_{sy} = 鉄筋降伏応力 (N/mm²)

σ'_{sy} = 鉄筋再降伏応力 (N/mm²)

σ_{s0} = 付着すべりゼロ位置 $(x=0)$ における鉄筋応力 (N/mm²)

σ_{s0u} = 除荷開始時におけるσ_{s0} (N/mm²)

τ = 付着応力 (N/mm²)

τ_u = 除荷開始時における付着応力 (N/mm²)

τ_f = 負摩擦応力 (N/mm²)

τ_{fo} = 鉄筋弾性時の負摩擦応力 (N/mm²)

τ_1, τ_2, τ_4 = 付着応力～すべりモデルの折点に対応する応力 (N/mm²)

$\tau_{1o}, \tau_{2o}, \tau_{4o}$ = 鉄筋弾性時の付着応力～すべりモデルの折点に対応する応力 (N/mm²)

参考文献

A9.1) Yuichi Sato and Kazuhiro Naganuma (2014). Discrete-Like Crack Simulation of Reinforced Concrete Incorporated with Analytical Solution of Cyclic Bond Model, Journal of Structural Engineering, ASCE, Vol.140, Issue 3; DOI: 10.1061/(ASCE)ST.1943-541X.0000864.

A9.2) Rolf Eligehausen, Egor P. Popov and Vitelmo V. Bertero (1983). Local bond stress-slip relationships of deformed bars under generalized excitations. Report No. UCB/EERC 83-23, Univ. of California, Berkeley, California.

A9.3) fib (2010) fib Model Code 2010. Fédération Internationale de la Précontrainte, Lausanne, Switzerland, pp.233-239.

A9.4) Ivan Arnovljević (1909) Das Verteilungsgesetz der Haftspannung bei axial beanspruchten Verbundstäben. Zeitschrift für Architektur und Ingenieurwesen, H. 2, S. 413-418.

A9.5) 杉本訓祥, 柏瀬孝子, 津田和明, 江戸宏彰：鉄筋コンクリート造建物の性能評価手法に関する研究「その1」「その2」, 日本建築学会大会学術講演梗概集（東海）C-2, pp.141-144. 2003.

索　引

256

著者略歴

長沼一洋　博士（工学）

1981 年	千葉大学工学部卒業
1983 年	千葉大学大学院修了
1983〜2015 年	㈱大林組勤務
2015 年〜	日本大学理工学部建築学科教授（2023 年〜特任教授）

佐藤裕一　博士（工学）

1992 年	名古屋工業大学卒業
1994 年	京都大学大学院修了
1994〜1996 年	㈱大林組勤務
1996 年〜	京都大学工学研究科助手（2007 年〜助教）

鉄筋コンクリートの非線形有限要素法
©Kazuhiro Naganuma, Yuichi Sato 2023

2023 年 6 月 25 日　初版第一刷発行

著　者　　長 沼 一 洋
　　　　　佐 藤 裕 一
発行人　　足 立 芳 宏

発行所　　京都大学学術出版会
京 都 市 左 京 区 吉 田 近 衛 町 69 番 地
京 都 大 学 吉 田 南 構 内（〒606 - 8315）
電 話（075）761 - 6182
FAX（075）761 - 6190
Home page http://www.kyoto-up.or.jp
振 替 01000 - 8 - 64677

ISBN 978-4-8140-0481-2　　　印刷・製本　亜細亜印刷株式会社
Printed in Japan　　　　　　定価はカバーに表示してあります